JN077601

チームを動かし
結果を出す方法！

13歳からの
リーダーの
教科書

EQパートナーズ株式会社 代表取締役社長
立教大学大学院ビジネススクール（MBA）客員教授
安部哲也

SOGO HOREI Publishing Co., Ltd

「今日からあなたがリーダーです」
と言われたらどうしますか？

人が集まって何かの目的や目標を成し遂げようとするとき、リーダーが必要となります。

リーダーを中心にそのチームの向かうべき方向性を定めたり、
人を動かし、育て、何か問題があれば解決したりする必要が
あるからです。
「すぐにでもリーダーをできる」と思っている人。
「リーダーにはなりたくない」
「自分には、自信がない。リーダーはムリだ」
「リーダーのイメージができない」という人。
さまざまな人がいるのではないでしょうか。

どうしてこのように違いが出るのでしょうか。
その原因の１つは、私たちの社会で、ある誤解されたリー
ダー像が広まっているためではないでしょうか。

優秀で強くて、何でもできて、いつも先頭に立って、
メンバーに指示、命令をかけて強く率いるような……。
そんなリーダー像を思い浮かべる人が多いようです。

もちろんそのようなリーダーもいます。

しかし、目立たずおとなしくて、人の話をよく聞き、
支援する、そんなリーダーもいます。

人の気持ちをよく理解したり、
みんなの意見を聞き出して、まとめていったり、
2人以上で協力しながらチームを導くリーダーもいます。

10人いれば10通りの、
100人いれば100通りのリーダー像があるのです。
この本の目的は、みなさん1人1人が**自分自身に合った**
「自分らしいリーダー像」を見つけ、成長していくこと
です。

リーダーがチームを導くときに使う能力をリーダーシップと
言います。

リーダーシップは生まれ持った才能ではなく、経験
や学習で身につけていくことができます。
今、すでにリーダーとして、悩みながら活動している人も、
リーダーになるチャンスがあっても、自信がなくて一歩踏み

出せなかった人も、1つ1つ学び、実践していけば、少しず
つあなたらしいリーダーシップを発揮できるようになります。

また、リーダーシップについて学ぶことは、自分自身を見つ
めなおすことであったり、社会の課題と向き合うことにもつ
ながります。

この社会の中で何かをよりよく変えようとしたり、他の人を
助けるために行動をしたいと思ったとき、リーダーシップが
求められます。

他の人のために何かをしたい。
何かを変えて、よりよくしていきたい。

もしあなたがそのような思いを持っていたなら、
ぜひリーダーシップを発揮してチャレンジしてみてください。

リーダーシップは、だれに求められるものでしょうか?
リーダー的な立場にある人だけに求められるものでしょ
うか?

リーダーシップは、スポーツチームのキャプテンやクラスの
委員長のようにリーダー的な立場にある人だけではなく、

チーム全員、クラス全員に求められるものです。

例えば、チームの3年生は2年生に、2年生は1年生に方針や技術を伝え、リードする役割があります。また1年生であっても、チームをよくするために考えたアイデアを2年生や3年生に提案することもできます。

これもリーダーシップです。「下から上へのリーダーシップ」です。

このようにリーダーシップは、チームの上の人から下の人へ発揮するだけではなく、同じ立場の同級生に対しても、下の人から上の人へも**自分のまわり360度に向かって発揮するものです。**

他者をリードすることはもちろんリーダーシップですが、**自分自身をリードするリーダーシップも大切です。**

自分のワクワクする夢や目標を考えたり、楽しみながら実行したり、日々学び成長できるとすばらしいですよね。

これをセルフリーダーシップと言います（本書第6章）。

この本でリーダーシップを学び、あなたの無限の可能性について発見していきましょう。

はじめに

　リーダーの経験や希望の有無にかかわらず、学校やクラブ活動、社会でも、人が集まる組織ではリーダーが必要になります。

　チームの目指す方向をつくり、チームをまとめ、メンバーを育てていく必要があり、その中心になるのがリーダーだからです。リーダーが発揮する力がリーダーシップです。リーダーシップのよし悪しがチームのよし悪しに大きく影響します。

　例えば、2023年のワールド・ベースボール・クラシックで日本代表チームが優勝した際は、チームの全員が、リーダーシップを発揮し、すばらしい成果へとつながりました。

　スポーツや芸術のクラブ活動でも、監督やキャプテン、顧問の先生、部長のリーダーシップにより、チームの成績が大きく向上したり、逆に低迷したりすることがあります。

　同様にビジネスの世界でも、経営者や管理者の顔ぶれが変わることで組織が劇的に変化することは珍しくありません。これらの例からも、リーダーシップがチームの成功と成長に大きな影響力をもたらすことがわかります。

しかしながら、リーダーシップがこれほど重要であるにもかかわらず、日本の学校教育ではリーダーシップについて深く学ぶ機会がほとんどないようです。

　これに対して、欧米ではこれらのスキルを学校教育の一環として学ぶことが多く、若い世代が早い段階でリーダーシップを磨く機会があります。この差が、国際的に「日本人はリーダーシップが弱い」と言われる1つの原因だと筆者は考えています。

　日本の社会では、まじめさや正確性、チームワークを大事にすること、高い倫理観・道徳観などが重視されています。これらは国際社会でも高く評価される日本人の強みです。しかし、逆に1人ひとりが大きな夢やビジョンを持てなかったり、新しいことに挑戦することへ不安を感じていたり、グローバル感覚や多様性への感度が低いといった弱みがあります。

　リーダーシップは、基本を学び、学びを実践することで身につけることができます。スポーツや音楽などと同じように、基本を学び、練習を重ね、振り返って改善することでだれでもリーダーシップを身につけていくことができます。目的や目標を共有し、メンバーをはげまし、育成するという基本的な部分

は、学生であろうと社会人であろうとまったく同じです。

　この本はタイトルが『13歳からのリーダーの教科書』とあるように、まずは中学生、高校生、大学生とその先生や親などのために書きました。日本にはこれまで中学生、高校生、大学生向けのリーダーシップの本がほとんど見当たらなかったためです。ぜひ、学校生活、クラブ活動、そしてその後の社会人となった後のヒントとしていただければと思います。

　また、この本は、まだリーダーシップについて学んだことがない、経験が少ない社会人の方にもお役に立てると思います。

　リーダーシップの基本は、学生でも社会人でもまったく変わらないからです。簡単な内容と事例で説明していますが、リーダーシップの基本と重要な要素はしっかり盛り込んでいます。

　本書のページは基本的に、①イラスト、②本文、③コラムの展開で1つのテーマを構成しています。

　イラストと本文で、そのテーマ・内容を理解するようにしてください。コラムについては、主に社会やビジネスの内容や事例を入れています。もしコラムが難しいと思う人は、気にせず次のページに進んでください。

　本書全体は6章立ての構成です。第1章は、リーダー、リー

ダーシップ、チームについての基本的なことをまとめています。第2章は、これまで研究されてきたリーダーシップの理論をできるだけ分かりやすくまとめました。

　第3章と第4章はリーダーの取るべき行動について書いた実践編ですので、ぜひ実践にお役立てください。特に第3章は目的・目標達成に関する行動、第4章はリーダーのコミュニケーションに関する行動について説明しています。

　第5章は、応用編で、世界や社会のことを考えるリーダーシップについてです。もし自分にはまだ早いと思った人は、読み飛ばしていただいても結構です。第6章は、自分自身を高めるセルフリーダーシップについてです。すべてのリーダーシップの基礎となる部分ですので、必ずお読みいただきたいと思います。

　さあ、自分自身のリーダーシップの旅を始めましょう！

EQパートナーズ株式会社　代表取締役社長
立教大学大学院　ビジネススクール（MBA）　客員教授
聖心女子大学　非常勤講師
安部哲也

もくじ

第**3**章　チームで目的・目標を達成しよう！

第**4**章　できるリーダーのコミュニケーション力

第5章　世界や社会のことも考えよう！

第6章　自分を高めるセルフリーダーシップ

ブックデザイン／木村勉
DTP ／横内俊彦
校正／矢島規男
本文イラスト／アライヨウコ
編集／豊泉博司

第**1**章

リーダーには
どんな力が必要？

リーダーと
リーダーシップ

　「リーダー」と聞いて、あなたはどんな人を思い浮かべますか？　学校のクラス委員、学校代表、クラブの部長やキャプテン、ボランティア団体の代表などでしょうか？

　社会に目を向けると、会社の経営者や組織の代表などがリーダーとして活躍しています。この章では、人が集まる集団である「チーム」をよりよく導き、目的や目標を達成に導くリーダーについて学んでいきましょう！

　さて、リーダーの一番大切な役割は何でしょうか？　それは、目的や目標に向かって、チームを導くことです。

　例えば、サッカーチームのキャプテンが、チームの成功を目指して、みんなを導く場合を想像してみてください。キャプテ

16

ンは、みんなを巻き込み、チームの目的や目標を共有したり、メンバーの長所をいかし、時にははげまし、時には注意したりして、チームを導いていきます。

また、メンバーをサポートし、人を育てることもリーダーの重要な役割です。

答えを教えるティーチングという方法と、答えを導き出すコーチングという方法を状況に合わせて使い分けることがポイントです。

リーダーシップを発揮するには、チームメンバーの長所と短所などをよく理解し、なるべく長所をいかしていきます。

また、メンバーとの信頼関係を築くことも大切です。リーダー自身が努力する姿を見せることで、説得力が増します。そうすることで、リーダーはメンバーに前向きな影響を与え、一緒に目的・目標を達成し、成長していくことができます。

これから、リーダーとリーダーシップについて、一緒に学んでいきましょう！

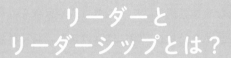

リーダーと
リーダーシップとは？

学生と社会人で比較すると……

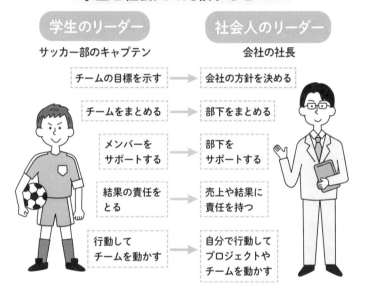

学生のリーダー	社会人のリーダー
サッカー部のキャプテン	会社の社長
チームの目標を示す →	会社の方針を決める
チームをまとめる →	部下をまとめる
メンバーをサポートする →	部下をサポートする
結果の責任をとる →	売上や結果に責任を持つ
行動してチームを動かす →	自分で行動してプロジェクトやチームを動かす

リーダーとリーダーシップ

チームを目的・目標に向かって導く人を「リーダー」と呼びます。そしてリーダーが持つ能力、言いかえると、**チームを成功と成長に導く力**のことを「リーダーシップ」と呼びます。

　目的とは、チームの存在理由、何のために活動するのかという「why（なぜ？）」を追求するのに対し、目標とは目的を実現するための具体的かつ測定可能な成果や指標、つまり「what（何を？）」を追求します。

　では、リーダーシップとは具体的に何をするのでしょうか？
　スポーツのクラブ活動を例にして、リーダーシップについて考えてみましょう。

チームの方向を示す

　リーダーは、できるだけみんなを巻き込んで、目的や目標を決め、それをチーム全体に共有します。
　クラブ活動のリーダーは、「心身ともに成長していこう！」、「チームワークを深め、最大限、学生生活を楽しもう！」という目的や、「（そのために）地方大会で優勝し、全国大会でベスト8に入ろう！」といったみんなにとって魅力的な目標をと共有します。

チームをまとめる

　リーダーは、チームの目的と目標達成のためにメンバーとのコミュニケーションを大切にし、協力し合える関係をつくります。これがチームワークです。

「今年の目的と目標を達成するために、何をする？」、「みんなのアイデアを教えて！」、「どのアイデアがいいと思う？　理由は？」といった双方向のコミュニケーションを通じて、メンバーの意見を引き出し、まとめていくのもリーダーの大切な役割です。

メンバーをサポートし、育成する

　リーダーは、メンバーをサポートします。クラブ活動のキャプテンは、試合でうまくいかずに落ち込むメンバーをはげまし、前向きに練習や試合に取り組めるようにします。

　また、メンバーに技術や考え方などを指導し、育てていきます。

リーダーシップはみんなに求められる

　リーダーシップは、リーダーの立場にある人だけに求められるものではありません。例えばサッカーチームのキャプテンのようなリーダーの立場にある人だけではなく、すべてのメンバーが後輩や同級生と協力したり、教えたり、後輩であってもキャプテンや先輩に練習の仕方やプランについて自分のアイデアを提案することもリーダーシップです。

　このようにリーダーシップは、リーダーでもメンバーでも立場にかかわらず、自分のまわり360度すべての人たちに向け

て発揮するものです。

経験からリーダーシップを学ぶ

リーダーシップは、実践経験とそこからの学びや気づきで身につけることができます。

例えば、筆者の友人、M君は現在、自分の会社を立ち上げ、経営しています。彼のすばらしいリーダーシップで、会社のメンバーをリードしビジネスを発展させています。これは、高校時代のリーダーシップ経験が社会人になってからのビジネスにも生きているからだろうと思います。高校の運動会で、チームリーダーだったM君は「この運動会では、全員でチームワークを発揮して、絶対に優勝しよう！ 高校時代の最高の思い出をつくろう！」という目的・目標をかかげ、メンバーをはげまし、自ら先頭に立つ積極的な行動でリーダーシップを発揮しました。

このように早い時期からリーダーシップを学び、経験することは、将来、社会人になってからリーダーとなったときに大いに役立ちます。

チームって何だろう？

グループとチームの違い

グループ（群衆）	チーム（組織）

【フォワード】
相手を攻めて
点を取る

【ディフェンス】
自陣を守る

【キーパー】
ゴールを守る

・組織的なしくみや
　リーダーは存在しない
・協力し合う必要はない

・共通の目的がある
・協力をする
・組織的なしくみがある

人が集まるところにグループとチームあり

　人が集まる集団には、グループとチームという2つの形があります。グループとチームはその目的や協力の仕方に大きな違いがあります。

グループ（群衆）とは？

グループには下記のような3つの特徴があります。

共通の目的や目標がない

グループは、人々がたまたま同じ場所に集まったり、同じイベントに出席したりするだけで、特に共通の目的がありません。例えば、文化祭に遊びに来た人たちは、自分たちの楽しみのために来たというだけで、共通の目的や目標を持っているわけではありません。

お互いの協力が必要ない

グループの中の人は通常、お互いに協力しなくてもよい関係です。それぞれが個別に行動し、ほかの人との連携は必要ありません。例えば、文化祭に遊びに来た人たちは、お互いに協力して何かをする必要はありません。

組織的なしくみがない

グループには組織的なしくみやリーダー的な役割が存在しません。それぞれが自由に行動し、リーダーからの指示や指導は基本的にありません。

チーム（組織）とは？

チームには下記の3つの特徴があり、リーダーシップとチームワークが重要な役割を果たします。

共通の目的・目標がある

チームは共通の目的・目標を達成するために協力します。例えば、クラブ活動ではチームのよい成績とメンバーの成長を目指して一緒に活動します。

お互いに協力が必要

共通の目的・目標を達成するためには、みんなで力を合わせることが必要です。お互いの長所や特徴をいかし、協力します。例えば、部活動のスポーツでは、共通の目的・目標実現のために、みんなではげまし合い、教え合い、協力します。

組織的なしくみがある

リーダーがまとめ役となり、役割分担したほかのメンバーと連携します。例えば、クラブのリーダー、副リーダー的な役割やポジションごとの役割分担などを行います。

すばらしいチームをつくろう！

グループとチームではその目的・目標達成の成果や効果が異

なってきます。

　1人の力を1とすると、例えば3人グループでは1+1+1＝3の力、つまり人数分かそれ以下の成果を生み出すことはできるでしょう。それに対して、**チームの場合は人数分以上の成果を生み出せる可能性があります。**

　あなたの集団をチームにして、すばらしい成果・結果を生み出していきましょう！

ホンダのチームワーク！

　バイクや自動車の製造・販売で有名なホンダ（本田技研工業株式会社）はもともと小さな町工場でした。この会社をつくり上げた本田宗一郎さんと藤沢武夫さんの2人は「世界一になろう！」という共通の目的・目標を持ち、お互いに協力し、役割分担をしていたすばらしいチームでした。技術力に優れた本田さんが新しいバイクや自動車をつくり、営業力に優れた藤沢さんがそのバイクや自動車を日本や世界中で売り、現在はジェット機も製造するグローバル企業となっています。

　この2人のすばらしいチームワークがなければ現在のホンダはなかったでしょう。

リーダーシップは
どんなときに必要か

リーダーシップを発揮すると……

目的・ゴールを示す
ベスト4に入り、
全国大会へ出場する

動機づけ
全国大会に出て、
すばらしい思い出をつくろう

リーダー

計画を立てる
全国大会に出るために、
パスワークがうまく
なるまで練習します

メンバー

共有 →

役割分担
佐藤さんはFW
田中さんはDFで!

サポート
問題があったら、
一緒に考え直そう!

ディフェンダー

フォワード

キーパー

共通の方針のもとにまとまる

リーダーシップはさまざまな場所で求められている

　学校生活、クラブ活動、または会社など**目的や目標を持った
チームで活動するさまざまな状況でリーダーシップは求められ
ます**。ここでは、具体的な事例を通じて、リーダーシップがど
んなときに求められるかを考えてみましょう!

リーダーシップが必要になるとき

　学校活動でも、リーダーシップが求められます。仲間ととも
に活動を進め、成功に導くために、リーダーは次のような役割
を果たします。

文化祭の場合

　文化祭のイベント企画で、クラスのみんなが集まり、何をす
るか企画する場合を考えるとしましょう。リーダーを中心にク
ラスメイトを巻き込み、内容を考え、計画を立て、役割を分担
し、一緒に出し物をつくり上げていきます。また、難しい問題
が起こったら、リーダーを中心にメンバーと話し合いをし、解
決策を見つけます。このようにリーダーは、チームをまとめ、
成功と成長に向けて導きます。

クラブ活動の場合

　スポーツのクラブ活動では、リーダーシップがチームの成績
とメンバーの成長に影響します。リーダーであるキャプテンは、
練習や試合において次のようなリーダーシップを発揮します。
　例えば、野球部のキャプテンは、「今年の大会で優勝する」
「メンバーが楽しく、充実した学生生活を過ごせるようにす
る」などの目的や目標をつくり、チームで共有します。
　リーダー1人で目標やゴールをつくりチームメンバーと共有

するやり方と、メンバーと話し合い、目標・ゴールを共有する
やり方があります。みんなに共通の課題として認識させ、自発
的に動いてもらうためには、できれば後者のようにみんなで決
めるやり方のほうがよいでしょう。

　また、リーダーは試合中には作戦を共有し、メンバーに積極
的に声をかけ、試合で1人1人が力を発揮できるように働きか
けます。リーダーはメンバーと協力して難しい状況に立ち向か
い、チームを成功と成長に導きます。よいリーダーシップがな
ければ、チームはまとまらず、好成績をおさめたり、チームを
成長させたりすることは難しいでしょう。

　このように、リーダーシップをうまく発揮すれば、チームの
成功だけでなく自分自身もメンバーも成長することができるの
です。

リーダーシップはみんなが発揮するもの

　くり返しとなりますが、リーダーシップはリーダーだけに求
められるものではありません。リーダーシップはリーダーにも
メンバーにもすべての人に求められます。

　例えば、メンバーはリーダーをサポートしたり、リーダーに
提案したりすることも必要です。リーダーも人間ですから、気
づいていないことや間違いもあります。そのような時は、メン
バーから積極的に提案しましょう。**メンバーからリーダーに対**

するリーダーシップを**フォロワーシップ**と言います。

　チームをまとめるために、ほかのメンバーにチームの目的や目標を伝えていくことや、チームメンバーを育てることにもメンバーは積極的に協力しましょう。

　このように、メンバーはリーダーだけに任せきりにせず、協力する役割があります。また、リーダーは自分1人だけでチームのすべてのことを抱え込まず、メンバーにも協力してもらうように働きかけましょう。

社会人としてのリーダーシップ

　ビジネスや社会活動においても、次のようなときにリーダーシップが求められます。

　① 会社やチームを立ち上げ、スタートするとき

　② 会社やチームの目的・目標を決め、共有するとき

　③ メンバーを増やし、会社やチームを大きくするとき

　④ 会社やチームで起こった仕事や人間関係のトラブルを
　　 解決するとき

　⑤ メンバーを育てるとき　など

　筆者が新しい会社をスタートしたり、会社を発展させるときも、このようなリーダーシップが必要でした。

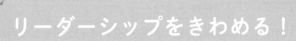

リーダーシップをきわめる！

あなたは今何レベル？

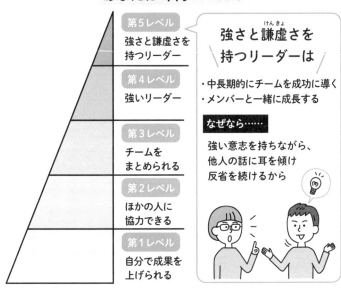

ピラミッド	説明
第5レベル	強さと謙虚さを持つリーダー
第4レベル	強いリーダー
第3レベル	チームをまとめられる
第2レベル	ほかの人に協力できる
第1レベル	自分で成果を上げられる

強さと謙虚(けんきょ)さを持つリーダーは

・中長期的にチームを成功に導く
・メンバーと一緒に成長する

なぜなら……

強い意志を持ちながら、他人の話に耳を傾け反省を続けるから

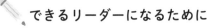

できるリーダーになるために

　リーダーシップをきわめることは、すばらしいことです。自分自身とみんなを成功と成長に導くことができるからです。

　リーダーシップにはいくつかのレベルがあります。世界的なベストセラー『ビジョナリー・カンパニー 2 飛躍の法則』（ジ

ム・コリンズ著）では、「**第5レベルのリーダー**」が最もすぐ
れていると言われています。ここでは第1レベルから第5レベ
ルまでのリーダーシップについて学んでいきましょう。

第5レベルのリーダーとは何か？

　第5レベルのリーダーとはどのようなものか、サッカー部の
例で具体的に考えてみましょう。

第1レベル：自分で成果を上げられる個人

　個人としてサッカーの基本的なプレーができるようになる個
人プレイヤーのレベルです。ここがすべての出発点となります。

第2レベル：まわりの人に協力できる個人

　個人でうまくプレーできることに加えて、ほかのプレイヤー
と連携したり、アドバイスや指導することなどで他のメンバー
に協力できるチームプレイヤーのレベルです。

第3レベル：チームをまとめられるリーダー

　小さなチームのメンバーをうまくまとめ、チーム全体の目
的・目標に向かわせることができるレベルです。
　例えば、学年や各ポジションのリーダーなどです。

第4レベル：強いリーダー

強い思いや実行力を持ったリーダーです。

このレベルのリーダーは、トップダウン型の強いリーダーとなりがちです。能力が高くタフなリーダーとして、チームの目的、目標、計画などを共有し、メンバーを力強く引っ張ります。

第5レベル：強さと謙虚さを持つリーダー

チームの目的・目標を必ず達成するというリーダーとしての強さを持ちながらも、リーダー自身の力を決して過信せず、謙虚にメンバーの意見に耳を傾けたり、自分自身の判断や行動を振り返り、反省したりして、改善することができるリーダーです。

リーダーと言えば、第4レベルの強いリーダーを想像する人が多いかもしれません。しかし『ビジョナリー・カンパニー2　飛躍の法則』では、中長期的にチームを成功と成長させているのは、第4レベルの強いリーダーよりも、強さと謙虚さの両方を持つ第5レベルのリーダーであるという研究結果となったと述べられています。謙虚に他者にフィードバックを求めたり、自身の行動を振り返ったりするため、リーダー自身も自己成長していきます。

ジム・コリンズは、第5レベルのリーダーの特徴を「窓と

鏡」の例を使って説明しています。何かがうまくいったときは「窓（外が見える）」を見て、まわりの人のおかげと考え、お礼や感謝を伝えます。うまくいかなかったときは「鏡（自分自身が見える）」を見て、自分の何が足りなかったのか、よくなかったのかを謙虚に反省し、改善すると述べています。このことによりリーダー自身もチームも成功と成長に近づいていきます。

ビジネス界での第5レベルのリーダーシップ

　ビジネスの世界でも、この第5レベルのリーダーシップの考え方を学び、実践している人はたくさんいます。

　例えば世界的なリーダーであるアマゾンの創業者・経営者のジェフ・ベゾスさんやネットフリックスの創業者・経営者のリード・ヘイスティングスさんなども、この『ビジョナリー・カンパニー2』を愛読し、第5レベルのリーダーシップを実践して、それぞれの会社を成功、成長させています。

　日本でもスターバックス コーヒー ジャパンやザ ボディショップジャパンの経営トップとしてそれぞれの会社を改善していった岩田松雄さんも、第5レベルのリーダーシップの考え方を大事にしています。強い信念や意志などの強さと、人の意見を聞いたり、自ら反省する謙虚さを持った第5レベルのリーダーです。

みんなでふせんワーク

　チームメンバーでやりたいことをそれぞれふせんに書き出し、みんなでその中から1つをチームとしてやることに決めるワークです。リーダーシップを発揮して、みんなでやりたいこと（チームの目標）を1つに決めていくやり方を学びましょう。

予習・復習する

みんなで
志望校合格

遅刻を
しない

みんなで
成長する

部活で
全国大会
出場

次のイベントを
成功させる

静かな
時間を持つ

まじめに
勉強

ステップ >1< みんなでふせんに書き出そう

　メンバー全員が、それぞれふせんにチームでやってみたいことをできるだけ多く書きましょう。そして、書いたふせんをみんなが見えるように壁やボードなどにはり出します。

ステップ >2< ふせんをグループに分けよう

　似たような内容のふせんを、それぞれまとめてグループをつくりましょう。

　次に、それぞれが書いたチームでやりたいことについて、なぜそれをやってみたいのかを発表してもらいます。ふせんに書いたことへの思いをみんなに伝えてもらいましょう。

ステップ >3< チームでやりたいことを1つに決める

　メンバーの発表が終わったら、チームリーダーがみんなと話し合いをして、チームでやりたいことを1つに決めましょう。1つに決めるときには、メンバー全員が「チームでやりたいことに納得する」ことを目指しましょう。さあ、やってみよう！

第2章

自分に合った
リーダーシップを
見つけよう！

自分とチームに合った
リーダースタイルは？

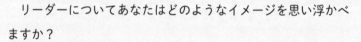

　リーダーについてあなたはどのようなイメージを思い浮かべますか？

　優秀で何でもできて、強くて、何でも指示したり命令したりするリーダーを思い浮かべるかもしれません。

　もちろんそのようなリーダーもいますし、すばらしい成果を上げている人も数多くいます。

　ただ「そんなリーダーにはなれない」、「そんなリーダーは苦手だなぁ」と思う人もいるかもしれません。

　でも、安心してください。実は「できるリーダー」は、そのような人たちばかりではないのです。

　おとなしいけれど、人の話をよく聞き、人の気持ちを大事に

できるリーダーもいます。また、自分の意見はあまり言わない
けれど、みんなの意見を引き出し、まとめていくのが得意な
リーダーもいます。

　自分より他の人の支援を優先するタイプのリーダーもいます。
　これらのどのようなリーダーシップスタイルでも、自分と
チームに合ったものを選べば「できるリーダー」になることが
できます！

　チームが目的・目標を達成するなど成功し、メンバーがやる
気になり、成長していれば、どのようなリーダーシップスタイ
ルでも正解なのです。

　また「自分1人ではリーダーになるのは難しい」、「自信がな
い」と思う人がいるかもしれません。
　このような人には2人以上で協力してリーダーシップを発揮
する方法もあります。

　さぁこれから、**自分に合ったリーダーシップスタイルを見つ
けていきましょう！**

リーダーには才能が必要？

できるリーダーになるには

学習で身につける
・コミュニケーション能力
・メンバーをやる気にさせる力
・問題解決能力
・意思決定力

経験で身につける
・成功や失敗をくり返して、
　実践から学習する

人から学ぶ
・ほかの人の成功事例
・フィードバックをもらう
・アドバイスをもらう

 リーダーは生まれつきかどうか？

　「自分はリーダーに向いていないのかな」と思ったことはありませんか？　リーダーは"生まれつきのもの"でしょうか？　それとも"育てられるもの"でしょうか？　そんな疑問に対して、世界や日本の多くの研究や実例から、**リーダーシップは才**

能だけでなく、学習や経験といった努力などによって高められる能力であることが示されています。

　リーダーをイメージするとき、人々はしばしば「カリスマ」と呼ばれる有名人や歴史上の偉人たちを想像します。確かに、彼らはもともと特別な魅力や影響力を持っていたかもしれませんが、それだけではできるリーダーにはなれません。多くの場合、リーダーは人生のいろいろな経験などからスキルや知識を身につけ、リーダーシップを高めています。

 ## リーダーシップの高め方

　リーダーシップの具体的な高め方については、次の3つを参考にしてください。

1. リーダーシップの基本を学ぶ

　リーダーに必要な能力は、学び、実践することで身につけていくことができます。例えば、目的・目標設定力、コミュニケーション力、メンバーをやる気にさせる力、問題を解決する力、意思決定力、人を育てる力など、これらは学び、実践することで向上させることができる能力です。本や講座などからも学ぶことができます。（この本では、特に第3章、第4章で紹介します）

2. 自分の経験と振り返りから学ぶ

　リーダーシップは経験から学習するところが大きいものです。ある調査では、**リーダーシップの7割は、自分の実践経験と振り返りから学習されている**という報告があります。実際にチームをリードする経験の中で、リーダーは成功や失敗から学び、振り返り、改善することで自分自身のリーダーシップに磨きをかけていきます。

3. 人から学ぶ

　人からリーダーシップを学ぶことも大事な点です。自分がこうなりたいと思う「できるリーダー」のことをイメージし、自分の考え方や行動の参考にするのです。このような人たちをロールモデルといいます。

　例えば、渋沢栄一（みずほ銀行、東京ガスの前身の会社など500以上の会社設立に関係した人）や緒方貞子（日本人初の国連難民高等弁務官）のような著名な人物でもいいし、自分の先生や先輩、友だちなど身近な人でもよいでしょう。

　また、自分では自分のことは意外とわからないものです。ですので、先生や先輩、友だち、親などからアドバイスやフィードバックをもらい自分の行動を振り返ることもリーダーシップを高めるために効果的です。

このように、適切に努力すれば人はリーダーシップを学ぶことができます。だれもができるリーダーになれる可能性を持っています。自分自身を常に向上させようとする意欲によってそれを引き出し、高めることが重要です。リーダーシップは生まれつきの才能だけでなく、学んだスキル、経験、そして継続的な努力の成果なのです。

社会人になってからでもリーダーシップは学べる！

社会人になってからも経験と努力によってリーダーシップを高めていくことができます。

例えば、マイクロソフトの経営者のサティア・ナデラさんは、入社してから経営者になるまでにいろいろな仕事とポジションを経験し、リーダーシップを身につけていきました。

ナデラさんは自身の経験から「常に学習し続けること、人々を理解し尊重すること、そして大きなビジョンを持つことが重要である」というリーダーシップの考え方を語っています。

もしナデラさんが、このような経験や、学習をする機会がないままマイクロソフトに入社して、さまざまな経験や努力なくすぐに経営者になっていたら、たぶん今のようにはうまくいかなかったのではないかと思います。

できるリーダーは 2つの行動をとる！

あなたはどんなリーダー？

優

組織維持力（メンテナンス）

pM型
課題達成：×
人間関係：○

PM型 ← できるリーダー
課題達成：○
人間関係：○

pm型
どちらも×

Pm型
課題達成：○
人間関係：×

課題達成力（パフォーマンス） **優**

PM理論

課題を達成する力
×
人間関係を保つ力

→足りない力は意識して
強化したり、メンバーから
補ってもらおう

リーダーの行動は大きく2つある

　リーダーがとる行動（リーダーシップ行動）にはどのような
ものがあるのでしょうか？　それは大きく課題達成に関するも
のと、組織・人間関係に関するものに分けられます。

　課題達成に関するものとしては、チームの目的・目標をつく

りチーム全員で共有することや、それを実現する具体的な方法を考え、実践すること、問題が起こったときに解決することなどが含まれます。

　組織・人間関係に関するものは、人の相談にのる、人をはげます、育成する、チームワークを保つなどです。

ＰＭ 理論とは？

　この2つを指標とするのが「ＰＭ理論」です。PM 理論とは、リーダーシップ行動をＰ軸（Ｐ：Performance（パフォーマンス）軸）とＭ軸（Ｍ：Maintenance（メンテナンス）軸）で分け、4つに分類したものです。**Ｐ軸は課題や目的・目標を達成するための行動、Ｍ軸は人間関係を維持するための行動の指標**です。これにより分類された4つのタイプは下記の通りです。

1. pm（スモール・ピー・エム）型リーダー

　チームの課題達成力も弱く、人間関係をつくる力も弱いリーダーです。いわゆる「ダメなリーダー」です。

2. pM（エム）型リーダー

　チームの目的・目標達成よりも、人間関係を優先するリーダーです。いわゆる「いい人タイプのリーダー」です。

　人間関係をよくすることができるかもしれませんが、チーム

の成果を出すことが難しいかもしれません。

3. Pm（ピー）型リーダー

　目的・目標達成に重点を置き、人間関係はあまり重視しないリーダーです。「厳しいリーダー」と見られることがあります。チームの成果は出せますが、メンバーとの人間関係をうまく保てない可能性があります。

4. PM（ピーエム）型リーダー

　目的・目標達成、人間関係ともに積極的な行動をとるリーダーです。いわゆる**理想の「できるリーダー」**です。

　チームの成果を出しつつ、チーム内の人間関係をうまく保てる理想のチームリーダーです。

　できるリーダーはP軸の課題達成力と、M軸の組織（人間関係）維持力の両方の行動をとる必要があります。

　今の自分は、P軸とM軸のどちらが得意か、今後はどのように考え、行動すべきかを考えてみてください。

　もし自分1人だけで両方は難しそうだと思う人は、後述するシェアド・リーダーシップを活用し、例えば自分がP型、サブリーダーがM型リーダーシップを発揮することも可能です。

すばらしいチームをつくるためには、Ｐ軸とＭ軸の両方が必要となります。

　このように自分の長所と短所を理解し、長所をいかし、伸ばし、短所を改善したり、人に協力してもらうなどして、リーダーシップを高めていきましょう。

青山学院大学陸上競技部の原監督は PM 型リーダー

　青山学院大学陸上競技部は、お正月に行われる箱根駅伝などで何度も優勝するなどのすばらしい成績をおさめています。チームが強いというだけではなく、チームワークもすばらしいとまわりから高く評価されています。その成功には、原 晋 監督のすばらしいリーダーシップが大きく影響しています。

　原監督は、課題達成力と組織（人間関係）維持力を合わせ持つ PM 型リーダーです。箱根駅伝などの全国大会で優勝するという高い目標の達成と、チームワークづくりをバランスよく行い、チームの成功とメンバー１人１人の成長へとリードしています。

状況によって
リーダーシップを変えよう

臨機応変にリーダー像は変えてよい

指示型

・指示を細かく出す
・初心者のメンバーに
　向いている

参加型

・メンバーと一緒に意思決定
・みんなのアイデアを
　尊重
・中／上級者の
　メンバーに向いている

支援型

・メンバーの行動を
　サポート
・中級者のメンバーに
　向いている

目標設定型（達成志向型）

・メンバーが主体的に行動
・能力／意欲の高い
　メンバーに向いている

 メンバーや状況によって柔軟に使い分けよう

　リーダーシップのスタイルはどれか１つに決める必要があるのでしょうか？　いいえ、**リーダーシップのスタイルは１つだけに決める必要はなく、メンバーの経験やスキルと取り組む内容の状況に応じて、柔軟に変えていくことが大切です。**この考

え方を**状況対応型リーダーシップ**と言います。

 状況対応型リーダーシップ

　状況対応型リーダーシップには「指示型」「支援型」「参加型」「目標設定型（達成志向型）」という4つのスタイルがあります。

指示型

　リーダーがメンバーに具体的に細かく指示を出すスタイルです。まだ経験やスキルの少ない初心者のメンバーに対して効果的です。

支援型

　メンバーが自分で考え、行動することをリーダーが支援するスタイルです。多少、経験やスキルがある中級者のメンバーに向いています。

参加型

　リーダーがメンバーと一緒に目的・目標や意思決定などを考えるスタイルです。ある程度の経験やスキルがある中上級者のメンバーに向いています。

目標設定型（達成志向型）

　リーダーとメンバーで目的・目標を決めたあとは、基本的にメンバーに任せ、その目的・目標に向かってメンバーが主体的に考え、実践するスタイルです。経験やスキルの高い上級者のメンバーに向いています。リーダーよりもメンバーのほうが経験やスキルが高い場合もこのスタイルが効果的です。

　チーム運営がうまくいかず、**今のリーダーシップの発揮の仕方がチームの状況やメンバーに合っていないと思った場合には、リーダーシップのとり方を見直したり、変更してみてください。**

 活用する際のイメージ

　例えば、運動部に新入生が入部した場合、最初は指示型のリーダーシップで、部活動のルールやそのスポーツの基礎的なことを具体的に教えます。

　入部から何カ月か経ち、新入生が成長してきたら、支援型や参加型に、さらに成長したら、目標設定型のリーダーシップに切り替えていくようにすると効果的です。

　このように、メンバーの状況や取り組む内容に応じて、柔軟にリーダーシップスタイルを変えることで、より効果的なチームの成功とメンバーの成長につなげることができます。

　使い分けを考えるときには、メンバーの長所や特徴、チーム

の状況をよく見て、できるだけその人の長所をいかして、目的や目標を達成するために「どのリーダーシップスタイルで接するとよいのか」を考えるとよいでしょう。

この後に説明するいくつかのリーダーシップについても、自分の得意・不得意、メンバーのスキルと経験、チームの状況に応じて使い分けていきましょう。

「たった１つの正解」はない

筆者がまだリーダーシップについての知識や経験が浅かったころ、自分の先輩と同じやり方で、どんなメンバーに対しても指示型リーダーシップをとり、うまくいかなかったことがありました。

会社をはじめとした多くの組織で、指示型リーダーシップのみが正しいリーダーシップだと思い込んでしまい、だれに対してでも、どんな状況でも、指示型リーダーシップを発揮しようとする人がよく見られます。メンバーの特性やビジネスの状況を考えずにいつも指示型リーダーシップをとると、たまたまうまくいくこともあれば、いかないこともあります。

リーダーシップには、たった１つの正解はありません。自分とメンバーの状況によって、柔軟に使い分けましょう！

強力なリーダーシップ

人を魅了する強いリーダー

織田信長
（1534 〜 1582）

特徴
・自分の個性を理解し、自信を持っている
・自分の目標を実現させるために情熱的に取り組む

得意なこと
・チームを急成長させること
・変革すること

苦手なこと
・人の気持ちを
　ケアしたり、
　共感すること
・メンバーに
　考えさせ、
　成長させること

カリスマ型リーダーシップのイメージ

 ## カリスマ型リーダーシップとは？

　リーダーというと、歴史の教科書に出てくる織田信長やナポレオンのような能力が高く、力強いトップダウン型（リーダーがメンバーに指示命令するスタイル）のリーダーを思い浮かべる人が多いかもしれません。そのようなリーダーは、カリスマ

型リーダーと言われ、リーダーの1つのスタイルです。

　カリスマ型リーダーシップは、リーダー自身が優秀で強く、魅力的であり、その強さや魅力をいかして、**メンバーをトップダウンでリードするリーダーシップスタイル**です。

強いカリスマ型リーダーシップの要素

　カリスマ型リーダーシップには次の4つの要素があります。

1. 自己理解力と自信

　自分の長所、短所、特徴をよく理解し、自分に対して自信を持っています。

2. 魅力的な個性

　他者とは違う自分の個性をいかし、ほかの人々をリードします。リーダーの個性や前向きなエネルギーは、人々を引きつけます。

3. ミッション・ビジョンを実現させる情熱

　明確なミッション（使命感）とビジョン（未来像）や目標を持ち、それを実現させる強い情熱を持っています。

4. 逆境に負けないチャレンジ精神

新しいことや困難なことにも果敢に挑戦しようとします。

 代表的な人物

戦国武将の織田信長は、カリスマ型リーダーの例です。強気で行動力に優れ、強い個性に自信を持ち、「天下統一」という大きなビジョンを示し、リスクをとりながらその実現に向けて豊臣秀吉、柴田勝家などの優秀な部下を率いて挑戦していきました。しかし、最後は部下の1人だった明智光秀に裏切られ、京都の本能寺の変で命を落としました。

 メリットとデメリット

カリスマ型リーダーシップのメリットは、スピードや実行力があることです。カリスマ型リーダーのビジョンや強い思い、行動力で、チームを大きく成長、発展させることができます。

その半面、トップダウンで指示や命令を行うため、後輩が育ちにくくなったり、またリーダーが判断を間違った場合、チーム全体が危機におちいったりするデメリットがあります。

例えば、長篠の戦いにおいて、織田信長は鉄砲隊で武田勝頼の騎馬隊に打ち勝ちました。ともにカリスマ型リーダーだった織田信長と武田勝頼の判断力の差が出た結果です。このようにカリスマ型リーダーの判断がチームの成果に大きく影響します。

カリスマ型リーダーシップは、新しいチームを立ち上げ急成長させたいときや、成果を上げられずに低迷しているチームを立ち直らせたいときなどに適しています。

世界や社会をリードするカリスマ型リーダー

ビジネスにおいても、カリスマ型リーダーシップで会社やチームを成功させている例は数多くあります。

例えば、アップルの創業者・元最高経営責任者（CEO）のスティーブ・ジョブズさんは、カリスマ型リーダーの１人でした。彼の「世界を変えたい」という大きなビジョン、創造性、情熱、そして行動力は、iPhoneなど斬新な製品を次々と生み出し、多くの人がスマートフォンを持ち、生活するという世界に変えていきました。

山口県の小さな紳士服店からスタートし、世界トップクラスのアパレルブランドにユニクロを発展させたファーストリテイリングの会長兼社長、柳井正さんも強いカリスマ型リーダーです。「世界一のアパレル会社になる」という挑戦的なビジョンを打ち出し、それに対する情熱と行動力で、社員をやる気にさせ、会社をリードしています。

チームを変革に導く
リーダーシップ

変化を恐れないリーダー

マハトマ・ガンジー

（1869〜1948）

特徴

・チームの危機をメンバーと共有し、変革のための
目的・目標と変革後のビジョンを共有することで、
メンバーを動かす

得意なこと

・危機的な状況にある
チームを変革すること

苦手なこと

・「変革疲れ」を
起こすことがある

変革型リーダーシップのイメージ

 チームの変革が必要なときのリーダーシップは？

　チーム内外の環境が大きく変化し、チームを変革しなければ
いけない場合があります。そのようなときに求められるのが**新
しいビジョン（将来像）をつくったり、これまでのやり方を変
えたりする変革型リーダーシップ**です。

チームを変える変革型リーダーシップの要素

チームを変革していくためには次の3つの要素が必要です。

1. チームで危機感を共有する

チーム内外の環境が変化していれば、チームも変化する必要があります。例えば、スポーツチームの場合、ほかに強いチームが出てきたり、主力のメンバーが卒業してチームが弱くなったときなどは、メンバー1人1人が危機感を共有する必要があります。

2. 目指すビジョンを打ち立てる

チームを変革していく必要がある場合でも、やみくもに何でも変えればよいというものではありません。**変革するためにはチームが目指していくミッション（使命感）・ビジョン（将来像）が大切です**。その実現に向けて、何を変えて、何を変えないかを明確にしていきます。

3. メンバーを動機づけ、自発的に動いてもらう

そして何よりミッション・ビジョンに向けてメンバーにやる気になってもらい、自発的に実行してもらう必要があります。そのためにはリーダーが模範を見せたり、メンバーと双方向でよくコミュニケーションをとったりすることが必要です。

前述のカリスマ型リーダーシップは、1人の強いリーダーがいて、そのリーダー自身がチームをリードするのに対し、この変革型リーダーシップはリーダーが中心となり作成した**ミッションとビジョンに向けて、メンバーを導いていきます。**

代表的な人物

　「インド独立の父」マハトマ・ガンジーは、イギリスの支配からインドを独立に導いたリーダーです。インドはその当時のイギリスから植民地支配されていましたが、そこに強い危機感を持ち、「非暴力」「不服従」主義をつらぬき、インドを独立へと導きました。「塩の行進」は、イギリス政府による塩の専売に反対するために、ガンジーが何万人もの人の支持を受け、海まで行進して塩をつくった有名な出来事です。このようにして、ガンジーは変革型リーダーシップでインドを独立に導きました。

メリットとデメリット

　変革型リーダーシップのメリットは、環境の変化に対応し変革ができる、スピードが速いなどです。逆にデメリットは変革を重視するあまり、メンバーの気持ちや感情のケアがおろそかになる、変革を繰り返すとメンバーに変革疲れが起こるなどです。**チームの内部・外部環境が変わり、チームに変革が求められるときに有効です。**

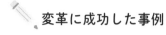 変革に成功した事例

　大学生Nさんが立ち上げたオンライン学習グループの実例を紹介します。Nさんは、新型コロナウイルスの影響で学校が休校になり、このままではみんなの勉強や交流が進まないという危機感を持ちました。そこで、Nさんは友だちを巻き込んでオンラインでの学習サポートグループをつくることを考えました。このグループでは「みんなに勉強と交流の機会を！」というビジョンを持ち、大学生が中高生に勉強を教えたり、生徒どうしが得意な科目を教え合ったり、交流を行ないました。

　1人のリーダーの勇気と行動が社会を変えていきます。

変革に成功した富士フイルムと失敗したコダック

　2000年以降、アナログの写真フィルム市場は、スマートフォンやデジタルカメラが普及することで急激に縮小していきました。写真フィルム事業の富士フイルムは、リーダーを中心に全社員で危機感を共有し、「第二創業」というビジョンをつくり、写真フィルム事業から医療機器、医療品、化粧品事業に企業変革していきました。

　同業のアメリカのコダックは、富士フイルムのように変革できず、結果、倒産しました。このように事業環境が変化するときには、チームを変革できるかどうかが重要となります。

人の気持ちを大切にする
リーダーシップ

人間関係を大切にするリーダー

徳川家康
（1543〜1616）

特徴
・自分とほかの人の気持ちを大切にするリーダー

得意なこと
・ほかの人の気持ちを理解すること
・よい雰囲気のチームをつくること

苦手なこと
・厳しい指示・指摘をすること

人の気持ちを大切にするＥＱ型リーダーシップとは？

チーム内の人間関係やチームワーク、やる気などを大事にしたいときは、「EQ型リーダーシップ」が効果的です。

EQとは、「**E**motional **Q**uotient（心の知能指数）」で、IQ「**I**ntelligence **Q**uotient（知能指数）」に対するものです。

人の気持ちを大切にするＥＱ型リーダーシップの要素

EQ 型リーダーシップの要素は次の 4 つです。

① 自分の感情（気持ち）を理解する

② 自分の感情（気持ち）に適切にコントロールする

③ 他者の感情（気持ち）を理解する

④ 他者の感情（気持ち）に適切にコントロールする

　まずは自分自身の感情（気持ち）をできるだけ客観的に理解し、成功しているときの自分を思い出したり、できるだけ前向きになるように働きかけることです。

　次に人の話をよく聴く、対話するなどして、他者の気持ちを理解し、落ち込んでいる人には、寄りそい、はげましたりするなどして、**人の気持ちに前向きに働きかけること**です。

代表的な人物

　江戸幕府を開いた徳川家康（とくがわいえやす）は、人の気持ちを大切にする EQ 型リーダーだったと思います。

　家康は他者の感情を深く理解し、他者の感情にうまく働きかけました。例えば、彼は戦いで敵だった人たちともうまく調整し、和解し、その後の協力関係をつくることができました。

　天下分け目の関ケ原の戦いでも、敵に回っていた小早川秀秋（こばやかわひであき）

の気持ちに働きかけ、味方に取り込んだことなどもありこの重要な戦いに勝利しました。

　これは、単に力だけに頼るのではなく、人の心を理解し、信頼関係を築くことの重要性を示しています。家康は、他人の気持ちを理解し、ともによい関係を築く EQ 型リーダーと言えます。

 メリットとデメリット

　EQ 型リーダーシップは、メンバーの共感を得やすく、よい雰囲気をつくり出すので、チームワークが生まれやすいというメリットがあります。

　その半面、メンバーの気持ちや状況に左右されやすく、メンバーにとって厳しい指示をすることが難しくなるなどのデメリットがあります。

　以上のことから、失敗やトラブルがあり、チームメンバーの気持ちが落ち込んでいたりしている場面などで効果的です。

　メンバーの話に耳を傾けたり、気持ちを理解、共感したり、はげましたりして、メンバーのモチベーション（やる気）を高めましょう。

　例えば、スポーツクラブのキャプテンが、試合に負けて落ち込んでいるメンバーをはげます場面を想像してみてください。

キャプテンは、ただ「次、がんばろう」と言うのではなく、まずは「これまでよく練習してきたよね」、「今日は作戦がうまくいかなかったね」と共感を示します。その上で、「この試合の反省点をいかしてまた練習し、次の試合では必ず勝とう！」と前向きな提案をし、メンバーをはげまします。

　このように、EQ型リーダーは、人の感情に敏感であり、人の気持ちに寄りそいながら、それをチームの目的・目標達成につなげていきます。

ソニー復活に貢献した EQ 型リーダーシップ

　ソニーの元社長の平井一夫さんは、「ソニーの変革など社員との信頼関係を築き、困難に立ち向かうためには**リーダーのEQ（心の知能指数）の高さが求められる**ということを痛感した。IQ（知能指数）ももちろん重要ではあるが、それだけでは組織（チーム）をよみがえらせることはできない」と述べています。

　平井さんは、日本だけでなく世界中のソニーの事務所や工場を訪問し、「メンバーに声をかける、話を聞く、共感する、熱い思いを伝える」など、社員の感情に働きかけるリーダーシップで、赤字続きだったソニーを復活へと導きました。

みんなの意見を引き出す
リーダーシップ

坂本龍馬
（1836〜1867）

特徴

・中立的な立場で、みんなの意見を
　引き出し、まとめていく

得意なこと

・メンバーから意見を引き出し、まとめること

苦手なこと

・即断即決すること（スピーディーに決めること）
・自分の意見を主張すること

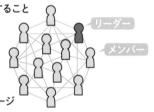

リーダー

メンバー

ファシリテーター型
リーダーシップのイメージ

ファシリテーター型リーダーシップとは？

　ファシリテーター型リーダーシップとは、リーダーがメンバーと上下の関係ではなく、**中立的な立場で、ミーティングを進行するファシリテーター（進行役）のようにチームをリード**します。チームメンバーの積極的な意見や行動を引き出すリー

ダーシップです。

ファシリテーター型リーダーシップの要素

ファシリテーター型リーダーシップの要素は次の3つです。

1. 自由に発言できる雰囲気をつくる

まずは、例えばみんなで「最近、おもしろかったことは？」「楽しかったことは？」など身近な話をしながら、チームで何でも話しやすい雰囲気をつくります。

2. 質問と傾聴でメンバーの意見を引き出していく

リーダーがメンバーに「何かよいアイデアはありませんか？」、「ほかにはありませんか？」など質問してメンバーからできるだけ多くの意見を引き出していきます。

3. メンバーの意見をまとめていく

リーダーがメンバーに「これら3つのアイデアで、最もよいものはどれだと思いますか？」、「それぞれのメリットとデメリットは何でしょうか？」、「その理由は？」などとさまざまな視点で質問しながら、チームの結論をまとめていきます。

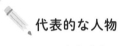

代表的な人物

　江戸時代末期（幕末）の坂本龍馬（さかもとりょうま）はファシリテーター型リーダーの1人です。このころの日本は、200年以上鎖国していたために国力が弱くなっていて、欧米諸国に対抗できない状況でした。当時、薩摩藩（さつまはん）と長州藩（ちょうしゅうはん）はともに強い力を持つ藩でしたが、互いに対立していました。このままでは新しい日本をつくることは難しいと考えた坂本龍馬は、薩摩藩と長州藩の間を取り持ち、一緒に新しい日本をつくるというビジョンに向けて協力させました。まさにファシリテーター（中立的な進行役）のような立場で、双方の主張をよく聞き、話し合い、それまで対立していた2つの藩を1つにまとめ、明治維新に向けて協力させました。

メリットとデメリット

　メリットは、メンバーからいろいろな意見が出たり、メンバーが自分でアイデアを考え、やる気が出る点があります。

　デメリットは、メンバーからアイデアを出してもらいまとめていくので、何かを決めるまでに時間がかかる点と、メンバーのデメリットになったり負担がかかったりするアイデアが出にくくなる点、リーダーの思い通りにならない点があります。

**　みんなからのアイデアを集めて創造的なアイデアを出したいとき、メンバーの自主性を高めたり、メンバーの考える力を育**

てたりしたいときに効果的です。

　例えば、「今度の学園祭で、クラスの出し物のアイデアはありますか？」、「役割分担、スケジュールはどうしますか？」などリーダーが中立的なファシリテーターとして、チームメンバーから意見を引き出し、まとめていきます。

質問と傾聴でみんなの意見を引き出す

　日本国内や海外でホテル・旅館などを経営する星野リゾート社長の星野佳路さんは、最初、カリスマ型のトップダウンのリーダーシップで会社をリードしようとしました。しかし、社員がそのやり方についていけず３分の１が会社をやめてしまうなど、うまくいきませんでした。そこでカリスマ型からファシリテーター型リーダーシップに変えていきました。

　星野さんは、例えばホテルの新しい宿泊プランを決めるミーティングなどでは、できるだけ自分から指示命令や答えを出さず、メンバーからアイデアを引き出すようにしています。「あなたたちはどう考えますか？」、「結論は何にしますか？」など質問を粘り強く繰り返し、メンバーからのアイデアと主体性を引き出しながら会社をリードしています。

メンバーを支援する リーダーシップ

ネルソン・ マンデラ

（1918～2013）

特徴
・メンバーを主役として支援すること

得意なこと
・メンバーを支援すること
・メンバーを成長させること

苦手なこと
・即断即決
　（スピーディーに決めること）
・メンバーに負担がかかること

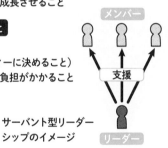

サーバント型リーダー
シップのイメージ

メンバーを支援するリーダー

　リーダーがメンバーを支援するリーダーシップの形もあります。このようなリーダーシップを**サーバント型リーダーシップ**と言います。**リーダーがメンバーを支援し、メンバーを主役とし成功と成長を助けます。**このサーバント型リーダーシップは、

ほかのリーダーシップスタイルとは異なり、リーダーが主役ではなく、メンバーが主役のリーダーシップです。

メンバーを支援するサーバント型リーダーシップの要素

サーバント型リーダーシップの要素は次の3つです。

1. 主役は、リーダーではなくメンバー

リーダーは自分のことよりも、メンバーを主役としてその成功と成長を支援します。「**利他（他人に利益を与える）」のリーダーシップ**とも言えます。

2. 支援と育成

サーバント型リーダーはメンバーの長所や特徴を発見し、サポートと育成を通じて、メンバーの成功と成長を支援します。

メンバーの状況や気持ちを理解、共感し、より適切なサポートを行います。

3. 目的・目標づくりと責任をとることはリーダーの役割

計画したことを実行するときはメンバー主体で行いますが、目的や目標づくりについてはリーダー主体で行います。もし結果が悪ければ、リーダーが目的・目標やメンバーへの支援の仕方を見直し、改善していきます。

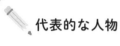

代表的な人物

　ネルソン・マンデラは南アフリカ共和国の人種差別政策への抵抗運動のリーダーでした。そのため、彼は 28 年間もの長い間、刑務所に入れられました。その後、南アフリカ共和国の大統領となり、自分を差別した白人を含むほかの人々に対しても支援と共感によるサーバント型リーダーシップで南アフリカ共和国を一体化させていきました。

　マンデラは「リーダーとは羊飼いのようなものである。優秀な者に先頭を歩かせ、ほかの者はそれに従わせ、リーダーはその群れの一番後ろにいる。ただ何か問題が起こったときには、リーダーは先頭に立ち、チームをリードして、その危機を乗り越える必要がある」と述べています。これがサーバント型リーダーシップのあり方です。

メリットとデメリット

　このようにサーバント型リーダーシップは、メンバーを主役にしてサポートするリーダーシップスタイルです。メリットは、実践を行うメンバーが主役であるのでよりよいやり方が見つかる、メンバーが自発的に行動、成長できることなどです。

　デメリットは、多くのメンバーが主体となって行動するので何かを決めるときに時間がかかる、メンバー 1 人 1 人の意向が強くなりすぎて、全体の方向性がばらばらになってしまうこと

があるなどです。

　そうならないために、**チーム全体の目的・目標やチームの
ルールなどはリーダーが主体となって明確にメンバーと共有し
ておくことが必要です。**

人気が高いサーバント型リーダーシップ

　スターバックスの元 CEO であるハワード・シュルツさんや、
アルファベット（グーグルの親会社）の経営者のサンダー・ピ
チャイさんなど多くのリーダーが、明確なミッションやビジョ
ンを示しながら、実践段階ではメンバーをサポートする、助け
るというサーバント型リーダーシップを実践しています。ピチ
ャイさんは、「人々（メンバー）を助けるために、（リーダーで
ある）私はいる」と言い、明確なミッションやビジョンを示し
ながら実行段階ではメンバーを支援するサーバント型リーダー
シップのあり方を示しています。

　日本では、化粧品会社の資生堂の社長だった池田守男さんが、
経営者や管理者が顧客に直接対応する美容部員や営業部員をサ
ポートするというサーバント型リーダーシップをとり、業績を
改善していきました。

2人以上で発揮する リーダーシップ

協力してパワーアップするリーダー

みなもとのよしつね
源義経
（1159〜1189）

むさしぼう べんけい
武蔵坊弁慶
（1155〜1189）

特徴
・2〜3人以上で相互に補い合う
・共通の目標を持っている

得意なこと
・複数のリーダーの強みを活かすこと

苦手なこと
・リーダー個人の判断、意見で決めること

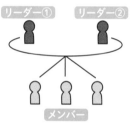

シェアド・リーダーシップのイメージ

リーダーは1人でなくてもよい！

リーダーは1人だけでないといけないのでしょうか？

実はそうとは限らないのです。

ここでは、**リーダーが1人だけでなく、2人以上でリーダーシップを発揮する、シェアド・リーダーシップ**をご紹介します。

「シェア」とは「共有する、分け合う」という意味で、シェアド・リーダーシップとは、2人もしくは3人以上で協力してリーダーシップを発揮することです。

シェアド・リーダーシップの要素

シェアド・リーダーシップの要素は次の2つです。

1. リーダーどうしがミッション・ビジョンを共有している

2人以上でリーダーシップを発揮するので、リーダーどうしで目的・目標をしっかりと共有しておくことが重要です。

2. お互の長所・特徴を理解、尊重し、いかし合う

リーダーどうしのチームワークが重要です。お互いの長所と短所を理解、尊重し、いかし合います。

代表的な人物

歴史上の人物でいえば、 源 義経と武蔵坊弁慶は2人でリーダーシップを発揮するシェアド・リーダーシップの例です。

義経は、勇敢な武将で、多くの戦いで勝利しました。一方、弁慶は力強さと忠誠心があり、義経のたのもしい仲間でした。

壇ノ浦の合戦や、義経が兄の 源 頼朝に追放され危機におちいったとき、弁慶をはじめとした部下たちがリーダーとして

主体的に行動して主君である義経を助けるなど、シェアド・リーダーシップを発揮しました。

 メリット・デメリット

メリットは、

① それぞれのリーダーの長所・特徴をいかせる

② 2人以上のリーダーが協力して、チームをリードするためうまく機能すれば、1人だけのリーダーより強力である

デメリットは、

① 何かを決めるときに時間がかかることがある

② リーダーの意見、考え方が分かれることがある

という点があげられます。

1人だけでは自信がないとき、チームの規模が大きいときな**ど2人以上のリーダーの力が必要な場合や、それぞれ違う長所や特徴を持つ2人以上のリーダーがいる場合に有効**です。

例えば、ダンス部で全体をまとめることが得意なキャプテンと、ダンスや振り付けが得意な副キャプテンが2人でそれぞれの長所をいかしながら、シェアド・リーダーシップを発揮することもできます。

キャプテンがチームの目的・目標をつくり、チーム全体に共

有します。副キャプテンが、その目的・目標実現に向けて、ダンスの振り付けをつくったり、ダンスを踊ってみて、メンバーに教えたりします。また音楽担当係を加えて3人以上でリーダーの役割を分け合うことも可能です。

リーダーシップをシェアして強くなる

ソニーは、創業者で技術に強い井深 大さんが技術や製品開発をリードし、営業に強い盛田昭雄さんが日本と海外で積極的な営業をしていました。当時世界最先端のテレビやオーディオ機器を開発し、2人でソニーを世界的な会社に発展させていきました。

またアップルはイノベーションやマーケティングに強いスティーブ・ジョブズさんと、コンピューター技術に強いエンジニアであるスティーブ・ウォズニアックさんが2人で協力し、シェアド・リーダーシップを発揮しながら、画期的なパソコンをつくり、ビジネスを大きく成長させていきました。

最近はAI（人工知能）などによるデジタル化、グローバル化などで世界情勢は大きく変化し複雑化してきています。今後、2人以上で協力してリーダーシップを発揮するシェアド・リーダーシップのニーズが増してくると考えられます。

見つけよう！　自分に合った リーダーシップスタイル

　第2章で紹介されたさまざまなリーダーシップスタイルの中で、あなたが「これが自分には合いそう」と思ったものはありましたか？

　見つかった人も見つからなかった人も、次のステップを参考にもう一度考えてみましょう。もしかすると、自分が思ってもいなかった可能性に出合えるかもしれません。

ステップ >1< リーダーシップスタイル診断シートで 自分に合ったスタイルを探そう

　右ページの診断シートで、A〜Fの箇所に点数を入れ、自分に合ったリーダーシップスタイルを探求してみましょう。

　自分の得意なことや性格と合っているものから順に「5.とても当てはまる」「4.当てはまる」「3.どちらとも言えない」「2.当てはまらない」「1.まったく当てはまらない」というように点数をつけていきます。

質問項目	点数を記入しよう	合計点
自分に自信がある		A：　点
自分が先頭に立って、ぐいぐいとリードできる		
新しいことを始めたり、現状を変えたい		B：　点
ミッション（目的）やビジョン（将来像）をつくることができる		
自分の気持ちを理解したり、前向きに持っていくことができる		C：　点
人の気持ちを理解したり、はげましたりすることができる		
質問をしたりしながら人の意見を引き出すことができる		D：　点
人の意見を整理したり、まとめたりすることができる		
話すよりも聞くほうが得意である		E：　点
他者を助けたい、サポートしたいという気持ちが強い		
リーダーになる自信はないが、誰かに手伝ってもらえばできそうだ		F：　点
人の長所を理解し、活かしていくことができる		

「1. 全く当てはまらない」「2. 当てはまらない」「3. どちらとも言えない」
「4. 当てはまる」「5. とても当てはまる」

ステップ ≥2≤ **それぞれ何点になったか 点数を比べてみよう**

１番目もしくは２番目に点数が高いものが、あなたに合っているリーダーシップスタイルです。

１つのスタイルだけではなく、チームやメンバーの状況によって使い分けたり、同時に、２つのスタイルを組み合わせることも可能です。

ステップ３でＡ～Ｆのリーダーシップスタイルの確認をしましょう。

自分らしさを発揮できるリーダーシップの
スタイルを確認しよう

A：カリスマ型リーダーシップ

決断力と実行力に優れています。その長所をいかすとともに、メンバーの気持ちを理解し、メンバーを育てることも意識してみましょう。

B：変革型リーダーシップ

ミッションやビジョンを持ち、環境の変化に応じて変革するマインドを持っています。メンバーの気持ちを理解することや、メンバーを育成することも意識しましょう。

C：EQ型リーダーシップ

自分の気持ちを理解したり、他者の気持ちにうまく働きかけることができます。メンバーの気持ちを大切にしながら、チームのミッション・ビジョンも意識して行動しましょう。

D：ファシリテーター型リーダーシップ

質問や傾聴をすることでメンバーからアイデアを引き出し、

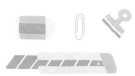

まとめていくことができます。チームのミッション・ビジョン
も意識しましょう。

E：サーバント型リーダーシップ

　他者のことを第一に考え、支援・育成していくことができま
す。チームのミッション・ビジョン実現に向けて、メンバーを
支援していきましょう。

F：シェアド・リーダーシップ

　2人以上で協力しながら、リーダーシップを発揮できます。
お互いの長所を活かしながら、ミッション・ビジョンの実現に
向けて協力しましょう。

第3章

チームで目的・目標を
達成しよう！

チームで目的・目標 を達成しよう！

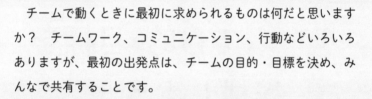

　チームで動くときに最初に求められるものは何だと思いますか？　チームワーク、コミュニケーション、行動などいろいろありますが、最初の出発点は、チームの目的・目標を決め、みんなで共有することです。

　チームは共通の目的・目標を持つことからスタートします。例えば、「いつ、何のために、どんな活動をして、何を目指すか」などです。

　目的・目標設定のしかたの具体的なコツについても学んでいきます。

そして目的と目標を決めたら、それをどう実現していくかを考える必要があります。具体的には、チームが効果的に動けるようにだれが、いつ何を行うかなどメンバーの役割分担をします。できるだけメンバーの長所をいかして、効果的に役割分担をしましょう。

　また、チームと個人のやることを「見える化」して、チーム全員が理解できるようにすることも大切です。
　「見える化」したら、その中で優先順位をつけましょう。だれもが時間は限られていますので、しっかり優先順位をつけて、重要なことから取り組むことが大切ですね。
　特に忙しい人は「『やらないこと』を決める」ということをおすすめします。

　また、成功を継続し、失敗を成功に変えるための PDCA サイクルというものもご紹介します。

　この章では、チームの目的・目標達成に向けて、リーダーやメンバーとして具体的にどのように進めていけばよいのかを学んでいきましょう！

リーダーの人間性（品格）

人が離れていくリーダーの特徴

1 自己中心的である

2 ごうまんである

3 責任感がない

4 うそをつく

5 感謝しない

リーダーは誠実さ、謙虚さ、
他人への思いやりなどの人間性が求められる

リーダーが本当に大切にしなければならないこと

あなたがこれまで接してきたリーダーの中で、「こんなリーダーにはついていきたくない！」と思ってしまうようなリーダーはいませんでしたか？

リーダーが能力的に優秀だったり強かったりすることは、も

ちろんすばらしいことです。しかし、**リーダーには能力と同時に「人間性（品格）」も求められます**。人間性とは、人の立場に立つことができる、つまり他人を思いやる力です。リーダーは道徳的な価値観や資質を持っている必要があるのです。

ここでは、「こんなリーダーはいやだなぁ」と思われないための、リーダーの人間性について具体的に考えていきましょう。

人間性に欠けるリーダーの例

自己中心的なリーダー

自分のことしか考えず、ほかのメンバーの声や意見を聞こうとしないリーダーは、自己中心的です。例えば、チームの計画を決めるとき、自己中心的なリーダーは自分のメリットだけを考え、自分の意見を押し通し、ほかの人の意見を無視します。これでは、チームがうまく機能しません。

ごうまんなリーダー

ごうまんなリーダーは、自分だけが優秀だと思い、他の人を見下します。例えば、クラブ活動のキャプテンがごうまんで、メンバーに対して上から目線の態度をとると、チームワークは失われ、お互いの協力が得られません。

責任から逃げるリーダー

　責任感がないリーダーは、メンバーからの信頼を失います。例えば、サッカー部や野球部のキャプテンが試合で失敗したときに、すべてをほかの選手やコーチのせいにするのは人間性に欠けています。よいリーダーは、成功も失敗も自分事として受け止め、今後に向けて自分の考え方や行動も改善していきます。

うそをつくリーダー

　うそをつくことは、リーダーにとって大きな過ちです。ほかのメンバーに対してうそをつくリーダーは信頼を失い、チームの協力が得られません。うそはそのうち、いつかどこかでわかってしまうものです。失敗や問題はだれでもありますが、失敗や問題を隠してそのままにしたら、チームの状況はもっと悪くなってしまいますので、早めに正直に話しましょう。

感謝しないリーダー

　ほかのメンバーの努力や貢献に感謝を伝えることが大切です。小さなことでも「ありがとう」の気持ちを伝えましょう。

 花巻東高校・野球部の事例

　アメリカのメジャーリーガーの大谷 翔平選手や菊池雄星選手などを育ててきた岩手県・花巻東高校の野球部（佐々木 洋

監督）では、野球の技術だけではなく、人間として正しい考え方や行動も大切にし、部員に教えています。

　佐々木監督のモットーは「野球選手を育てる」のではなく**「野球ができる立派な人間を育てる」**です。

　大谷選手や菊池選手のその後の活躍は、単に野球の技術の高さだけではなく、人間性の高さも影響していると思われます。

　このように、リーダーには能力以外に人間性が求められます。

人間性を学ぶには

　ビジネスの世界においても、人間性に欠けるリーダーは短期的にはうまくいったとしても、中長期的には会社やチームがうまくいかなくなります。正しい人間性について学ぶには、孔子の教えをまとめた中国古典『論語』や、自立心と学問を通じた人間性の向上を書いた『学問のすすめ』（福沢諭吉著）、経営の神様といわれた松下幸之助が生き方、考え方のアドバイスを書いた『道をひらく』などの本も参考になります。

　また、学校で学ぶ国語、英語、社会、芸術、道徳などをはじめとする科目も、人間性を高めるために大切です。

リーダーの３つのふるまい方

これがリーダーの姿だ！

学び続ける
問題を解決できる

メンバーを見守る
メンバーの長所・短所を
理解して困っているメン
バーがいたら助ける

率先してやる
リーダーの一所懸命な姿が
メンバーの心を動かす

リーダーに求められる３つのふるまい

　リーダーの日ごろのふるまいは、リーダー自身の説得力や、
誠意、熱意の証明につながります。リーダーの行動に必要な３
つの要素を解説し、具体的な事例で説明します。

1. 率先して行動する

　リーダーは言葉だけでなく、実際の行動でリーダーシップを示すことが重要です。**率先してとりくむ姿をまわりに見せることで、メンバーのやる気や姿勢によい影響を与えるでしょう。**メンバーはリーダーに影響され、自発的に動くようになります。

　例えば、野球部のキャプテンが、練習で率先してランニングやバッティング練習をすることで、チームメンバーに「努力することの重要性」を示します。キャプテンが一所懸命に努力する姿勢を見て、ほかの選手たちもはげまされ、チーム全体のやる気が高まります。

2. 学び続ける

　リーダーは絶えず学び続けることが大切です。新しい知識やスキルを習得し、いつも成長し続けると、リーダーシップの質を向上させることができます。

　野球部のキャプテンで言うと、よりよい打法や作戦などを研究して、他のメンバーに学ぶ姿勢を示します。キャプテンの学ぶ姿に影響されチーム全体の学習意欲が向上します。

　リーダーはそれぞれのメンバーをよく観察したり、対話したりしてその長所や短所を理解することが大切です。それにより、チーム内の役割分担をうまく行い、メンバーの能力を最大限に活用することができます。また、メンバーの個性や意見を尊重し、協力的なチームをつくる手助けにもなります。

　例えば、野球部のキャプテンは、チームメンバーの長所、短所をよく理解し、彼らが自分たちの力を最大限発揮できるようにします。守りは不得意でも、打撃が得意なメンバーにピンチヒッターを任せる、チームを分析して作戦を立てることが得意なメンバーには、作戦づくりを担当させることなどで、野球部はより長所をいかしたチームづくりができます。

 ## 3つのふるまいで共感を得られるリーダーへ

　リーダーとしての3つのふるまいは、個人だけでなく、チームにも大きな影響を与えます。率先して行動し、学び続け、メンバーを理解し尊重することで、メンバーの共感を生み出し、協力を促進し、成功と成長に導くことができます。これらのリーダーシップを実践し、自身の成長とまわりへのよい影響をつくり出すことができます。

また、これら3つのふるまいは、リーダーだけではなく、メンバー全員にも求められることですので、みんなで実践してみてください。

経営の神様も実践していた3つのふるまい

　経営の神様と言われたパナソニックの創業者・松下幸之助さんも、率先する、学び続ける、メンバーの特徴をいかすという3つのふるまいを実践していました。

　自分から率先して新しい電気製品をつくったり、お客様を訪問して製品を販売したり、部下に仕事のやり方などを熱心に指導していました。

　また松下さんは小学校を卒業していなかったため「自分は学問、知識がないから教えてほしい」と言って、新入社員なども含めだれからでも謙虚に、知識を教えてもらったり、自分で本を読んだり、一所懸命考えたりしながら、学び続けました。

　さらに松下さんはメンバーの長所を見つけていかすことが得意でした。ある部門でなかなか成果が上がらないメンバーの長所を見つけて、その長所をいかせる別の部門に異動させ、成功させたこともありました。

リーダーシップとマネジメント

リーダーシップとマネジメント能力は別物
双方のバランスが重要

リーダーシップ〈変革する力〉

- 新しいアイデアを出す
- 新しいビジョンをつくる
- これまでのやり方を変える
- リスクがあっても挑戦する

マネジメント〈管理する力〉

- 計画を立てる
- 役割分担をする
- 決められたやり方を守る
- リスクは避ける

リーダーシップとマネジメントは違う！

「リーダーシップ」と「マネジメント」の考え方は、学校やクラブ活動でも参考となる考え方だと思います。

ハーバード大学のジョン・コッター教授は、「リーダーシップとマネジメントは別物である。**リーダーシップは"変革する**

力”で、マネジメントは“管理する力”である」と説明してい
ます。

　より具体的には「リーダーシップはチームの向かう方向性を
決めること、マネジメントはその方向性に向けてチームを運
営・管理すること」です。

　あなたは、“変革する力”と“管理する力”、どちらが得意で
しょうか？　**リーダーには、リーダーシップとマネジメントの
両方が求められています。**どちらか１つが重要というものでは
なく、チームにとってはどちらも大切なものです。

　スポーツでいうと攻めと守りのようなものです。スポーツで
は攻めも守りも両方大切ですよね？　試合の状況から攻めを重
視する場面と守りを重視する場面が出てくるでしょう。リー
ダーシップとマネジメントも状況に応じてどちらかをより強化
すべきタイミングがあります。

　リーダーシップは変革したり、方向性をつくり出す力です。
新しいアイデアやビジョンをつくり、そこへ向けてメンバーを
導いていきます。例えば、クラスで文化祭に出展する場合、ほ
かのクラスとは違った、これまでにはなかったよりよいものに
するために、新しいアイデアや方針に挑戦していくのがリー
ダーシップです。

それに対して、出展の目的、方針に合わせ、予算を考えて、役割分担をし、計画を立てチームをきっちりとミスなく運営していくのがマネジメントです。

状況に応じてバランスをとることが大切

またコッター教授は、「**現在の多くの企業やチームは、マネジメントが強すぎて、リーダーシップが欠けている**」と言っています。つまり、計画や予算を立て、きっちりと運営していくことは行われていても、新しいアイデアやビジョンをつくり出し、変革していく力が不足しているということです。

特に日本の社会では、学校でもビジネスでも、マネジメントが重視され、リーダーシップが不足している傾向にあります。現状維持に重きを置き、変革できない組織やチームが多くなってしまっています。以前のようにまわりの環境があまり変化していない時代には、マネジメント重視でもよかったのですが、変化が激しい現在は、より変革するリーダーシップが求められるようになってきています。

「早く失敗しなさい！（Fail Fast）」という言葉があります。変化の激しい現在は、新しいことに早く挑戦し、失敗から学び、成長していくことが重要であるという考え方です。

リーダーシップとマネジメントはチームにとってどちらも大

切ですので、状況に応じて使い分けましょう。場合によっては、リーダーシップを行う役割とマネジメントを行う役割とを分担をして、チーム運営を進めていくこともよいでしょう。

変革に成功したネットフリックス

アメリカの映像配信大手企業・ネットフリックスは、環境の変化に合わせ、変革に成功してきた企業の1つです。

この会社は1997年に創業し、当時はDVDを郵送してレンタルするサービスを行っていました。しかし、2005年ごろから他社との競争が激しくなり、デジタル技術が発達したことも影響して、経営が悪くなっていきました。

そこで、2007年からネットフリックスは、インターネット上で映画やテレビ番組を配信するサービスをスタートし、ビジネスのやり方を大きく変革し、急成長しました。

その当時、DVDレンタルのライバル会社だったブロックバスターはうまく変革できず、この事業から撤退してしまいました。

その後もネットフリックスはユーザーのニーズをデータ分析し、ニーズに合ったオリジナル番組を制作し、配信するサービスもスタートしました。

このように**次々と変革を繰り返す**ことで、ネットフリックスは世界中で人気のある映像配信サービス会社に成長しました。

ミッション・ビジョン・パッション

チームで共有したい3つのこと

つながりが重要

ミッション 使命 ← チームの存在意義 (何のために存在しているのか)

ビジョン 将来像 ← チームの将来像や実現したい姿 (結果)

パッション ミッション・ビジョンを実現させる情熱 ← ミッション・ビジョンに向かって情熱的に取り組むことがチームの成功につながる

みんなで達成したい目的・目標を決めよう!

チームで何かを成し遂げるためには、まず共通の目的・目標を明確にし、共有することが重要です。

「レンガを積む3人の職人」の話をご存じでしょうか。

通りがかった人が3人のレンガ職人に「あなたは何をやっているのですか？」とたずねました。

　職人Aさん「見ればわかるでしょう。私は重いレンガを積まされているのですよ！」

　職人Bさん「家族が生活するお金をかせぐために、レンガを積んでいます！」

　職人Cさん「将来ここに教会の大聖堂ができるんです。町の人々が楽しみにしています。私はレンガを積んで、教会の大聖堂をつくっているのです！」

　3人ともレンガを積むというまったく同じ作業を行っていますが、3人のミッション（使命感）・ビジョン（将来像）・パッション（情熱）はまったく異なるようです。

ミッション・ビジョン・パッション

　「ミッション（Mission）」、「ビジョン（Vision）」、「パッション（Passion）」という3つの要素について考えてみましょう。これらの要素は、チームメンバーが協力し、同じ目的・目標に向かって進んでいくときに役立ちます。

1. ミッション（Mission）

　ミッションは、チームが「何のために存在するのか」、「チームの目的」を表すものです。

先ほど例に上げたレンガ職人Ｃさんは、大聖堂をつくり町の人たちをよろこばせるという大きなミッションを持っていますが、ほかの2人にはそれがありません。

　チームのミッションは、みんなの心に響き、またシンプルで覚えやすいものであるといいでしょう。

　例えば、日本ブラインドサッカー協会（JBFA）のミッションは、「ブラインドサッカーに携わるものが、障がいの有無にかかわらず、生きがいを持って生きることに寄与すること」です。シンプルで心に響きますね。

2. ビジョン（Vision）

ビジョンは、将来のありたい姿を描くものです。

　前述のレンガ職人Ｃさんには教会の大聖堂をつくるという将来のビジョンが見えていますが、ほかの2人には見えていません。このようにビジョンは、チームメンバーに具体的な将来像をイメージさせ、実現に向けたやる気を高めます。

　JBFAのビジョンは「ブラインドサッカーを通じて、視覚障がい者と健常者が、当たり前に混ざり合う社会の実現」です。

　またラグビー日本代表の元キャプテン・廣瀬俊朗さんは「日本のラグビーファンを幸せにできる喜び」「新しい歴史を築いていく」「憧れの存在になる」ことを日本代表チームのミッション・ビジョン（本人は"大義"と表現）としました。その結

果、ラグビーワールドカップ 2015 で世界トップクラスの強豪南アフリカ代表との試合で大逆転勝利するなど、チームの成功と成長につながりました。

3. パッション（Passion）

パッションは、チームメンバーがそのミッション・ビジョン実現に向けての情熱です。

ミッションとビジョンが明確なレンガ職人 C さんが、3 人の中では最も強い情熱を持っているでしょう。

このようにして、チームはミッション・ビジョンを明確にし、共有、共感し、チームワークを高め、その実現に向けてパッションを持って取り組むことが大切です。

ビジネスでもミッションが最も大切

京セラや第二電電（現 KDDI）をつくり、JAL の経営を立て直した稲盛和夫さんは「ビジネスにおいては、フィロソフィが最も大事である」と繰り返し述べ、実践してきました。フィロソフィはミッションと同じ意味です。それぞれの会社で稲盛さんはフィロソフィ（ミッション）を中心としたビジネスを展開し、成功させていきました。

スマートな目標を立てよう

目標を具体的な内容にしよう

Specific 具体的である ：英語のリスニング・スピーキング試験で

Measurable 測定可能である ：〇点をとる／〇時間勉強する

Achievable 達成可能である ：前回より 10 点上げる

Relevant 関連性がある ：将来海外で仕事につきたい

Time-bound 期限を決める ：1ヵ月後のテストで達成する

目標 将来海外で仕事につくために、
1 カ月後のリスニング試験で 90 点取るぞ！

スマートな目標になっているか確認しよう

　前項のミッション・ビジョンを実現するために、「スマート
（SMART）な目標設定」の考え方を紹介します。スマートと
は、**S**pecific（具体的である）、**M**easurable（数値化・測定可能
である）、**A**chievable（達成可能である）、**R**elevant（関連性が

ある)、**T**ime-bound（期限を決める）の頭文字をとったもので、
目標を具体的にし、実現に向かわせるための指針です。

　「スマート」は和訳すると「かしこい」「利口（りこう）な」という意味
で「かしこい目標設定」とも言えます。

スマートな目標設定の5つの要素

　以下に、スマートな目標について具体的に説明しましょう。

1. 具体的である（Specific）

　何を目標とするのか、どのように達成するのかを具体的にし
ましょう。例えば、「がんばって英語の成績を上げるぞ！」と
いう目標はあいまいで具体的ではありません。「次回の英語の
リスニング・スピーキング試験で、成績を10点上げるぞ！」
とするとより具体的です。

2. 数値化・測定可能である（Measurable）

　目標はできるだけ数値化し、測定、確認できるようにすると
よいでしょう。例えば、「英語の点数を上げる」という目標は
数値化されていませんが、「90点を取る」は、数値化されてお
り、あとから達成できたかどうかを測定できます。

3. 達成可能である（Achievable）

　目標は努力することによって達成可能なものにしましょう。あまりに現実的ではない目標を設定すると、途中であきらめてしまったり、やる気がなくなってしまったりします。

　例えば、「前回50点だったが、次の試験で100点満点を取る」という目標はあまりに無理があるかと思います。「次回は60点、その次は70点、またその次は80点……」というように努力次第で達成できる目標にしましょう。達成するイメージができる目標は人のやる気を高めます。

4. ミッション・ビジョンと関連がある（Relevant）

　目標はミッションやビジョンに関連があるようにしましょう。例えば、ミッション・ビジョンが「将来海外で活躍したい」だった場合、目標を「英語の勉強を頑張って、1カ月後のテストで90点とる」とするとミッションやビジョンと目標のつながりが出てきます。それが、パッションに繋がります。

5. 期限を決める（Time-bound）

　目標は、具体的な期限を決めましょう。期限を決めることで、目標達成までのタイムリミットが明確になり、よい意味でのプレッシャーやタイムマネジメントにつながります。例えば、「1カ月後のテストで達成する」という目標は具体的な期限が

あります。

　この５つの要素を含めた目標を設定し、それを達成するための計画を立て、自己成長やチームの成功に向けて取り組みましょう！

ビジネスでもスマートな目標設定を！

　スマートな目標設定は、学校やクラブ活動などとまったく同じで、ビジネスや社会活動でも役に立つ方法です。多くの会社の新入社員教育や若手社員教育などで教えられています。

　例えば、「会社のミッション・ビジョンに基づき、○○年○月までに、□□の商品についての知識をよく学習し、お客様への訪問営業に力を入れ、△△万円の売上を達成する！」という目標は、**具体的で、数値化され、実現可能性があり、ミッション・ビジョンとの関連性があり、期限が決まっているスマートな目標**となっています。

　あなたもスマートな目標を立てて実践してみましょう！

チームの役割分担をしよう！

役割を分けると効率的に動ける

キャプテン
目的・目標・作戦を共有して
チームメンバーをまとめる

フォワード
攻めて得点をとる

ミッドフィルダー
攻撃と守備を担当

ディフェンダー
守備に徹する

ゴールキーパー
ゴールを守る

攻撃方向

役割分担は効率をよくする

チームをより効率的に成功と成長に導くためには役割分担が大切です。

例えば、サッカーチームでは、効率的に得点を上げ、失点を最小限におさえ、チームの勝利という目的・目標達成のために

次のように役割分担します。

キャプテン

　リーダーとしてチームの目的、目標、作戦を共有し、メンバーをまとめます。

フォワード

　主に敵陣を攻めて得点を狙い、得点でチームの勝利に貢献します。

ミッドフィルダー

　フォワードとディフェンダーをつなぐ役割を果たし、攻撃と守備の両方を担当します。

ディフェンダー

　主に自陣を守り、失点を防ぐ役割を果たし、守備を中心として動きます。

ゴールキーパー

　ゴールを守るチームの守りの要です。チームの失点を最小限におさえます。

　このように、サッカーチームでは各選手が異なる役割を担当し、試合での勝利という目標達成のために連携してプレーします。役割分担をせず、作戦を考え指示する人がいなかったり、だれを中心に攻めて、だれを中心に守るのかということが明確でないと、そのチームは目標達成できないでしょう。

うまく役割分担をすることで、メンバーそれぞれの長所をいかし、短所をカバーしながらチーム力を高めることができます。

役割分担にはお互いの協力が必要！

　役割分担で重要なことは、共通の目的・目標を実現するためにお互いの役割を理解し必要に応じて協力することです。

　例えばスターバックスコーヒーの店舗では、お客様とやり取りをして受付で注文をとる人、注文を受けてコーヒーをつくる人、店全体をまとめるリーダーなどの役割分担が行われ、効果的な運営がなされています。

　また役割を分担しても、ほかの人が困っていたり問題が発生していたりするときは、**役割をこえて協力し、助け合い**ます。これができるのはよいチームです。

　スターバックスのお店でも、お客さんが急に増え、レジでの注文が混雑して大変になっている場合、ほかの人がサポートに来ます。

　あなたのチームは、うまく役割分担と協力ができていますか？

タイムマネジメントをしよう

「重要度 × 緊急度」で優先順位をつけよう

ToDoリストをつくる

❀ ToDoリスト ❀

内容	重要度	期限	緊急度
話し合いの準備	高	5日後	低
書類を提出する	低	3日後	高
備品の補充	低	7日後	低
遠征の準備	高	明日	高

優先順位を整理する

① 遠征の準備

② 話し合いの準備

③ 書類を提出する

④ 備品の補充

重要度高い

	緊急度低い
第1領域	第2領域
第3領域	第4領域

緊急度高い

重要度低い

時間を効率的に使うには

あなたは自分の時間をうまく使えていますか？　特に忙しいと思う人や、もっといろんなことをやってみたい人には、タイムマネジメント（時間管理）することをおすすめします！

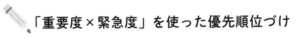

「重要度×緊急度」を使った優先順位づけ

　優先度を決めるために、重要度と緊急度の2つの軸でタスク（やること）を次の4つの領域に分類します。

第1領域（重要度が高く、緊急度も高いもの）

　最も優先的で、速やかに対処する必要があります。例えば、野球部でエースピッチャーが急にけがをした場合、来週の試合に向けて別のピッチャーが準備するなどのすぐにとりくむべきタスクをさします。

第2領域（重要度が高く、緊急度が低いもの）

　緊急性が低いが重要度が高いため、計画的に取り組む必要があります。例えば、野球部で来年のため、2年生や1年生を育成し、試合の経験を積ませるなどは緊急ではないが、将来的に重要なことです。

第3領域（重要度が低く、緊急度が高いもの）

　緊急性は高いが、中長期的な目的・目標への影響が低いタスクです。例えば、来週の試合に向けて重要ではないが伝えておいたほうがよい連絡事項などです。

これらのタスクは優先度が低く、後回しにすることができます。また「やらないことリスト」にあげることも考えましょう。

第1領域の次は、重要度が高く、緊急度が低い第2領域のタスクを優先しましょう。なぜなら、この領域をやらないでおくと、時間がたち「緊急で、重要な」タスクになってしまうためです。計画的に第2領域のタスクに取り組みましょう！

重要な20%が80%の成果を生み出す

「80:20の法則」を知っていますか？　イタリアの経済学者パレートが発見した原則で、パレートの法則とも呼ばれます。この法則は、全体の結果の大部分（80％）が原因の一部（20％）から生じるという考え方です。

タイムマネジメントに関しては、自分の成果の80％は重要なことに使っている時間の20％から生まれるということです。

例えば、それまで毎日10時間以上働いていた人が、病気のため毎日2時間しか働けなくなりましたが、重要なことに自分の時間を集中したため、それまでとあまり変わらない成果を出すことができたという例があります。

自分の仕事の重要な20％を考え、集中してみましょう！

3

チームで目的・目標を達成しよう！

タスクを「見える化」しよう！

タスクがわかる

❀ ToDoリスト ❀

内容	重要度	期限	緊急度
話し合いの準備	高	5日後	低
書類を提出する	低	3日後	高
備品の補充	低	7日後	低
遠征の準備	高	明日	高

タイムリミットがわかる

					1	2
3	4	5	6	7	8	9
	遠征の準備		書類を提出する		話し合いの準備	
10	11	12	13	14	15	16
備品の補充						
17	18	19	20	21	22	23
24	25	26	27	28	29	30

進み具合がわかる

遠征準備	90%完了
話し合いの準備	70%完了
書類記入	50%完了
備品補充	10%完了

デジタルツールを活用すると効率的

未着手　進行中　完了

 「見える化」の方法

　タスク（やること）や優先順位を「見える化」することは、タイムマネジメントを改善し、効果的な目的・目標達成につながります。

　次のようにやってみましょう。

1. タスクリスト（ToDo リスト）の作成

タスクを紙に書いたり、スマートフォンに入力して、リストを作成します。このリストにすべてのやることや活動を含めます。

2. カレンダーの活用

カレンダーアプリや手帳を使って、スケジュールを見える化します。予定やしめきり日をカレンダーに記入することで、タスクの管理がしやすくなります。

3. 進捗バーやチェックリストで確認

タスクの進捗をバーに表示したり、チェックリストを使ってタスクの完了状況を確認したりします。これにより、未完了のタスクがひと目でわかります。

4. デジタルツールの活用

タスク管理アプリやプロジェクト管理ツールを使用すると、効率よく、タスクを「見える化」できます。これらのツールは通知やリマインダーも設定でき便利です。

 なぜ作業を「見える化」するの？

作業を「見える化」することは、目的や目標を達成しやすく

し、効率を高め、自己管理スキルを向上させるというメリットがあります。

　例えばタスクや予定を一覧にできるため、何をいつやるべきかを明確に計画できます。これにより、忘れ物やしめきりに対処しやすくなります。

　また、見える化することで、どの作業が優先されるべきかが分かります。優先順位を決め、時間を無駄にしないようにできます。予定が明確になることで、タスクに追われるストレスを軽減できます。予期せぬ出来事にも柔軟に対応できます。

　「やることが多すぎる」と感じているとき、見える化することで整理ができ、何から取り組めばよいのか、何をやらないのかが見えてきます。

生活の中で実際に使ってみよう

　「見える化」は日常生活でも活用できます。宿題のしめきり日などをカレンダーやToDoリストに記入することで調整がしやすくなり、例えば趣味と勉強のバランスを保つのにも役立ちます。

　ほかにもだれが何を担当するかをみんなで見られるようにすることで、家族や友だちどうしで何かを準備するとき状況を把握しやすくなったり、何にどれくらい取り組むかを見える化す

ることにより、バランスの取れた計画作成が可能になります。

　このように「見える化」は、日常生活を整理し、計画的に過ごすための有効な手段です。これにより、タスクの管理が楽になり、自己管理スキルが向上します。

　また、ストップウォッチやスマホのタイマー機能を使っての時間管理も効果的です。例えば、タイマー設定で25分間やることに集中し、5分間休憩するというような形です。

　これらの「見える化」のスキルを勉強やクラブ活動、その他の活動に活用してみましょう！

トヨタ自動車でも「見える化」している

　筆者が見学した愛知県にあるトヨタ自動車の自動車製造工場でも「見える化」が行われていました。

　例えば、「今日1日の生産目標と現在の生産台数」「今、どこの製造ラインがどのような状況になっているか？」「どこでどのような問題が起こっているか」など工場内のだれもが見えるボードに「見える化」されていました。

　このことにより全員が自分の持ち場だけではなく、工場全体の状況を理解できるようになり、全体のことを考えて効率的に仕事ができるようになっていました。

失敗を成功に変える PDCAサイクル

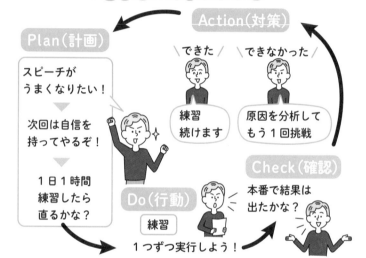

PDCAサイクルをまわそう

Action（対策）

Plan（計画）

＼できた／　＼できなかった／

スピーチが
うまくなりたい！

次回は自信を
持ってやるぞ！

1日1時間
練習したら
直るかな？

練習
続けます

原因を分析して
もう1回挑戦

Check（確認）

本番で結果は
出たかな？

Do（行動）

練習

1つずつ実行しよう！

失敗を成功に変える方法

PDCAサイクルって聞いたことがありますか？　これは、何
かの計画をすすめるときに、より確実に目的・目標達成に近づ
くための4つのステップです。PDCAサイクルをまわすことを
おぼえたら、勉強やクラブ活動などいろいろな場面で役に立つ

でしょう。

　PDCA サイクルとは以下の 4 つのステップをくり返すことを
さします。

1.Plan（計画）

　まず、何が問題なのかを明確にします。そして問題を解決す
るための具体的な目標と計画を立てます。

2.Do（行動）

　目標と計画に基づいて実行します。目標・計画の達成に向け
て、着実に実行しましょう。

3.Check（確認）

　実行した結果を確認します。目標・計画に対して、どのくら
いできたのか。具体的に何ができたのか、何ができなかったの
かを明確にします。

4.Action（対策）

　結果に基づいて問題発見し、原因を分析して次への改善策を
立てます。

PDCA サイクル活用の事例

例えば、学校で発表会があり、スピーチをすることになったとします。練習しているのになかなか上達しない。そのようなときこそ PDCA サイクルの出番です。

問題の発見

なぜスピーチが上達しないのか、問題を発見します。

目標の設定

次回の発表で自信を持ってスピーチすることを目標にします。

行動プラン作成

毎日、練習時間をとり、友だちや先生に毎回フィードバックをもらうことを計画します。

行動プランに基づいて実際にやってみる

計画通りにスピーチの練習を行い、友だちや先生にフィードバックをもらいます。そして、フィードバックを参考にスピーチを改善していきます。

郵便はがき

1 0 3-8 7 9 0

料金受取人払郵便

日本橋局
承認

2771

差出有効期間
2025年8月
15日まで

切手をお貼りになる
必要はございません。

953

中央区日本橋小伝馬町15-18
EDGE小伝馬町ビル9階
総合法令出版株式会社 行

本書のご購入、ご愛読ありがとうございました。
今後の出版企画の参考とさせていただきますので、
ぜひご意見をお聞かせください。

フリガナ お名前	性別 男・女	年齢 歳
ご住所 〒 TEL ( )		
ご職業 1.学生 2.会社員・公務員 3.会社・団体役員 4.教員 5.自営業 6.主婦 7.無職 8.その他( )		

メールアドレスを記載下さった方から、毎月5名様に書籍1冊プレゼント!

新刊やイベントの情報などをお知らせする場合に使用させていただきます。

※書籍プレゼントご希望の方は、下記にメールアドレスと希望ジャンルをご記入ください。書籍へのご応募は1度限り、発送にはお時間をいただく場合がございます。結果は発送をもってかえさせていただきます。

希望ジャンル：☐ 自己啓発 ☐ ビジネス ☐ スピリチュアル ☐ 実用

E-MAILアドレス ※携帯電話のメールアドレスには対応しておりません。

お買い求めいただいた本のタイトル

■お買い求めいただいた書店名

(   )市区町村 (   )書店

■この本を最初に何でお知りになりましたか

□ 書店で実物を見て　□ 雑誌で見て(雑誌名
□ 新聞で見て(新聞)　□ 家族や友人にすすめられて
総合法令出版の(□ HP、□ Facebook、□ Twitter、□ Instagram)を見て
□ その他(

■お買い求めいただいた動機は何ですか(複数回答も可)

□ この著者の作品が好きだから　□ 興味のあるテーマだったから
□ タイトルに惹かれて　□ 表紙に惹かれて　□ 帯の文章に惹かれて
□ その他(

■この本について感想をお聞かせください

(表紙・本文デザイン、タイトル、価格、内容など)

(掲載される場合のペンネーム:)

■最近、お読みになった本で面白かったものは何ですか?

■最近気になっているテーマ・著者、ご意見があればお書きください

Check（確認）

結果の確認

　実際の発表でスピーチが改善されたかを確認します。自己評価や友だちや先生からのフィードバックをもらいます。

Act（対策）

対策の実施

　成功した場合、次回も同じ方法を続けます。失敗した場合、新たなアプローチを考え、友だちや先生からアドバイスを受けるなどの対策を実施します。

　このようにPDCAは、失敗から学び、成功をつかみとるために役立つ方法です。ぜひ実践してみてください！

ビジネスでも便利なPDCAサイクル

　トヨタや花王などの会社の新入社員教育で必ず教えるほど、多くの会社やチームでPDCAサイクルが活用されています。

　Plan（計画）・Do（行動）だけではなく、特にCheck（確認）・Action（対策）を意識的に実践していきましょう！

　学生のころから、このPDCAサイクルを考えて実践していると、社会人の仕事で使える実践力が身につきます。

3

チームで目的・目標を達成しよう！

チームのミッション・ビジョンを決めよう

「今までできなかったことができるようになりたい」「課題を解決したい」「全国大会に行きたい」など、みんなそれぞれ思いがあると思います。

この章で解説したミッション・ビジョンの考え方を基に、チームで達成したいミッション・ビジョンを実際に設定してみましょう。

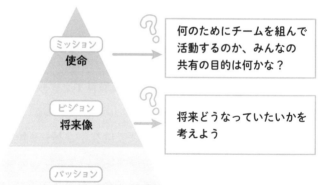

ミッション
使命
→ 何のためにチームを組んで活動するのか、みんなの共有の目的は何かな？

ビジョン
将来像
→ 将来どうなっていたいかを考えよう

パッション
ミッション・ビジョンを実現させる情熱

ステップ >1< チームの夢を実現させるためにみんなで
共通のミッション・ビジョンを明確にしよう

左の図を参照し、各項目を考えていきましょう。

ミッション（Mission）

チームは何のために存在するのでしょうか？　目的は？

ビジョン（Vision）

将来、なりたい姿は？　何を実現したいか？　目標は？

この2つをみんなで共有しましょう。

PDCAサイクルをつくろう！

ミッションとビジョンの実現に向けて、PDCAサイクルを活用してみましょう。PDCAサイクルは今抱えている課題やこれから必要な作業を明確にしてくれます。

ステップ >1< あなたの目標は何？
サイクルをつくる前の基礎を考えよう

まず、あなたが実現したい目標を書き出しましょう。
SMARTな目標設定（P100）を意識して設定してみましょう。

> **何をする？** ....
>
> **いつまでに？** ....
>
> **どのくらい？** ....
>
> **例** 1カ月後の本番までにスピーチをほぼ間違わずにできるようになりたい

ステップ >2< あなたの目標は何？
逆算してサイクルをつくってみよう

ステップ1で書き出した目標を実現するため、PDCA サイクルを埋めていきましょう。

P（Plan　計画を立てる）

何をする？

いつまでに？

どのくらい？

どのように？

例 本番まで練習を1日1時間、声に出して行う

D（Do　計画を実行する）

何をする？

いつまでに？

どのくらい？

どのように？

例 本番まで練習を1日1時間、声に出して行った

ステップ >3< 行動したら振り返ろう
できなかったことは改善して次にいかそう

ステップ2で行った計画や行動を振り返りましょう。失敗しても改善して次にいかせば、PDCAサイクルをまわしているうちに目的・目標実現に近づくことができます。

C（Check　結果を評価する）

Dの計画実行の結果を評価しましょう。

> **成功 ／ 失敗**
> ↓
> どの点が？　成功 ....
> 　　　　　　失敗 ....

A（Action　改善し次回につなげる）

Cの分析をもとに、改善点をあげ、次のPにつなげましょう。

> 何をどう改善する？ ....
> ↓
> 次回のP ....

122

第4章

できるリーダーの
コミュニケーション力

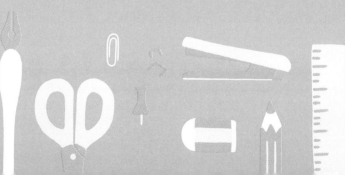

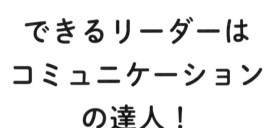

できるリーダーは
コミュニケーション
の達人！

　この章では、できるリーダーのメンバーとのコミュニケーションの仕方について学びます。

　チームでは、会話不足のためにすれ違いが起こったり、意見を言いにくい環境だったりすると、コミュニケーションの問題が起こりがちです。

　また、コミュニケーションが悪いと人が育っていなかったり、メンバーのやる気が低かったり、チーム内のよい人間関係ができていなかったりすることもあります。

　このような問題を解決するためには、リーダーとメンバー、

メンバーどうしのよりよいコミュニケーションが重要となってきます。

　自分自身（筆者）の経験と、学校や社会におけるさまざまなチームの状況のヒアリングから、「チームの問題の 80％ はコミュニケーションで解決できる」と筆者は考えています。

　後輩などを育てることもリーダーの重要な役割です。リーダーがメンバーに答えを教えるティーチングと、リーダーが質問や傾聴をしてメンバーが答えを見つけることをサポートするコーチングという 2 つの方法があります。
　この 2 つの方法をメンバーの経験やスキル、また状況によって使い分けることが大切です。

　この章では、チームの問題を解決し、よりよいチームにしていくための具体的なコミュニケーションのとり方、人を育てる方法、人のやる気を高める方法、またプレゼンテーションの方法などを学んでいきましょう！

　あなたもコミュニケーションの達人を目指しましょう！

お互いのすれ違いをなくそう！

コミュニケーション不足や誤解からすれ違いは生まれる

メンバー

あのまま続けたら問題になるのに……

リーダー

何で言った通りにやらないんだろう

ホウレンソウしよう

・すぐに報告、連絡しよう
・いつでも相談できるようにしよう

\ホウ/　\レン/　\ソウ/
報告　→　連絡　→　相談

みんなが同じ情報を共有しています

　チームのすれ違いをなくそう！

　多かれ少なかれチーム内ですれ違いは起こるものです。しかし、ちょっとした工夫ですれ違いを減らせるかもしれません。

　「ホウレンソウ」というものを聞いたことがありますか？発音は同じですが、あの緑の野菜ではありません。

「ホウレンソウ（報連相）」は人と人とのすれ違いをなくすために効果的なチームコミュニケーションの方法です。「報告・連絡・相談」の略で、**チーム内でしっかりと報告、連絡、相談をすると情報と意見の共有ができ、すれ違いが減っていきます。**

　すぐに状況を報告し、連絡をとり、困ったことは相談することで、チームワークがよくなります。リーダーはメンバーにチームでの「ホウレンソウ」の考え方やルールを説明し、みんなが「ホウレンソウ」できるようにしましょう！

ホウレンソウ（報連相）のやり方

　「ホウレンソウ」は、次のように進めます。

報告（ほうこく）

　依頼されたことについての状況や問題をタイムリーに報告しましょう！　自分の状況を報告することで、リーダーやほかのメンバーも状況を理解し、必要に応じて協力を得られるようになります。

連絡（れんらく）

　リーダーや他のメンバーとよく連絡を取りましょう。指示されていないことでも、新しい情報や状況の変化など大事なことはすぐにチームで共有しましょう！

相談（そうだん）

　問題や悩み事が起こったら、リーダーやほかのメンバーにすぐに相談し、一緒に解決策を考えましょう。1人でかかえ込まず、チームのみんなで協力して取り組みましょう！

 悪いニュースは一番先に！

　悪いことは、だれでも言いにくいと思いますが、悪い出来事や問題はいち早く「ホウレンソウ」する必要があります。

　なぜなら、自分1人で抱え込んでしまっていると、そのうちより大きな取り返しのつかない問題となってしまうからです。リーダーもメンバーも、「**バッド・ニュース・ファースト（悪いニュースは一番先に）**」を心がけましょう！

 「ホウレンソウ」はこんなふうに

　文化祭の準備で「ホウレンソウ」する場面を考えてみましょう。

報告：「作業が遅れています、原因は○○にあります」

　各メンバーはリーダーやほかのメンバーに自分が担当しているタスク（仕事）についての状況を報告します。

連絡：「ほかのクラスが新しい出し物にすると聞きました」

　新しい情報や変化などがあったら、リーダーやほかのメンバーに連絡し、チームで共有できるようにしましょう。

相談：「○○で困っています。協力をお願いできませんか」

　もし問題が起こったり悩みが出てきたら、リーダーや他のメンバー、先生などに相談し、アドバイスを求めます。特に難しい問題のときは1人だけで抱え込まず、協力を求めましょう。

　「ホウレンソウ」を使えば、お互いのすれ違いをなくし、チーム内で円滑なコミュニケーションを実現できます。

「ホウレンソウ」は社会人の基本

　「ホウレンソウ」は社会人ならだれでも知っている重要なコミュニケーションの方法です。年齢や役職にかかわらず、「ホウレンソウ」ができない人は成功しません。どんなに優秀な人でも、1人だけでビジネスをできる人はいないからです。

　リーダーからメンバーへの「逆・ホウレンソウ」も効果的です。例えば、リーダーからメンバーに報告や連絡を行ったり、「あなたはどう思いますか？」と、相談したりすることがそれにあたります。

心理的安全性が重要だ！

心理的安全性があるとよいことは？

心理的安全性がない状態	心理的安全性がある状態

間違っていたら非難
されるかもしれない

新しいことに
挑戦できる！

笑われたらいやだな

発言を
ためらわない！

わからないけど
怒られたくない

○○がわから
ないのですが、
教えてもらえ
ませんか？

意見が
出ない！

たくさん
意見が出た！

チームに信頼関係が生まれ、新しいアイデアも出てきやすくなる！

安心で安全なチームをつくろう

　あなたのチームでは、安心してどんなことでも発言できますか？　思いきって新しいことに挑戦できるチームとなっていますか？

　このようにメンバーが安心、安全を感じられることを「心理

的安全性」と言います。

　心理的安全性が高い状態とは、あなたやほかの人が意見や質問、間違いをオープンに共有できる環境のことです。「これは間違っているかもしれない」と感じても、ほかの人に笑われたり非難されたりすることなく、自分が発言できる環境のことです。また自分が新しいことに挑戦して失敗したり、間違ったりしたときでも、遠慮することなく、リーダーやメンバーと共有できる状況です。心理的安全性があるチームでは、みんなが尊重され、受け入れられます。

心理的安全性はなぜ大切か？

　チーム内での心理的安全性が高い状態では次のようなメリットがあります。

新しいアイデアが出てくる

　心理的安全性があるチームでは、メンバーが新しいアイデアや解決策を積極的に言いやすくなります。これにより、これまでになかった新しいアイデアが出てきます。

間違いが修正される

　リーダーもメンバーも神様ではないので、だれでも間違える可能性があります。間違いを指摘しやすいチームは、成功も成

長もしやすいのです。

　心理的安全性があるチームでは、メンバーが協力しやすくなり、信頼関係がつくられます。それにより、チーム全体の成果が向上します。

 ## チームの心理的安全性を高めよう

　心理的安全性を高めるために、お互いに何でも言える、聞ける、相談しやすい環境をつくりましょう！「学年の上下は関係なく、チームをよくするための提案はだれでも自由に発言できる」などチームのルールをつくることもよいやり方です。

　また困り事や難しいことはお互いに助け合いましょう！リーダーが「自分は○○ができない」、「○○が弱みだ」などと弱みをオープンに話せば、メンバーも同様にオープンに話すようになり、お互いの理解や助け合いがすすみます。

　失敗を恐れず挑戦することも必要です。例えば、メンバーが失敗したとき、「今回、残念だったけどよく挑戦したね。○○が原因なので次はこうすればうまくいくと思うよ！」など前向きなフィードバックをするとよいでしょう。

グーグルで実践されている心理的安全性と明確な目標設定

2012年にグーグル社内で生産性の高いチームを調査した「プロジェクト・アリストテレス」では、**生産性の高いチームには心理的安全性と高い目標設定の両方が必要**という調査結果が出ました。

心理的安全性を高めるには、リーダーやメンバーがお互いに、自分の短所や失敗、能力不足などの悩みも共有できることがカギとなります。そうした環境が整っているからこそ、思い切った発言や、新しいことに挑戦することができたり、またチームにとっての悪い情報も早めに共有し対策を打つことができます。

しかし、それだけではチームの成果は上がりません。そのため、グーグルでは心理的安全性と合わせて、高い目標設定が行われています。

ほかにも2023年の夏の甲子園大会で優勝した神奈川県の慶應義塾高等学校野球部はお互いに何でも言い合える、新しいことに挑戦できるという心理的安全性と、「日本一になる」「古い体質の日本の高校野球に新風を吹き込む」という高い目標設定との両方を追求したチームの一例です。

あなたのチームは、心理的安全性と明確な目標がありますか？　具体的にどのようにすればよいでしょうか？

できるリーダーのコミュニケーション力

4

人を育てる2つの方法

ティーチングとコーチング

わかりません

コーチング

質問する➡答えが返ってくる

ティーチング

答えを教える

どう考える？

○○だよ

なるほど

基本を教えることができる

うーん、○○かな……

自分で考えさせる
（思考することを助ける）

ティーチングは答えを教える
コーチングは答えを引き出す

リーダーは人を育てる役割がある

　リーダーには、メンバーを育成するという大事な役割があります。例えば、クラブ活動では、3年生が2年生を、2年生が1年生を育てる必要がありますよね。

　人を育てる方法としては、ティーチングとコーチングという

2つの方法があります。

答えを教えるティーチングと答えを引き出すコーチング

ティーチングは、リーダーがメンバーに自分が持っている答えを教える方法です。基本的なことを教えたり、情報共有する場合に適しています。リーダーが自分の経験や知識を伝達することができ、短時間で教えられるというメリットがあります。3人、5人、10人、100人でも多くの人に同時に教えることができます。

その半面、メンバーは答えを教えてもらえるので、自分で考えなくなり、指示待ちになって成長しなくなってしまうデメリットがあります。またリーダーが教えたもの以上の答えは出てきません。

それに対して**コーチングは、リーダーがメンバーに質問、傾聴しながら、メンバーに考えさせ、メンバーが自分で答えを導き出すことをサポートする方法**です。メンバーに自発的に考えさせ、成長させたい、リーダーも持っていない新しいアイデアを引き出したい場合などに適しています。

メンバーが自分で考えていくので、考える力や自主性が身につきます。リーダーのもつ答えよりもよりよい答えが出るなどのメリットもあります。半面、質問しながら行うため時間がかかったり、リーダーが期待していたものとは違う答えが出てき

たりするデメリットがあります。

答えを教えるティーチングと答えを引き出すコーチングは、両方ともに人を育てる重要な方法です。それぞれのメリットとデメリットを理解し、うまく使い分けながら、人を育てていきましょう！

一般的に、メンバーが初心者の場合にはティーチングで答えを教える割合が多くなります。メンバーが中級者・上級者になるにしたがって、コーチングで答えを考えさせる割合を増やしていくと、効果的なメンバーの成長とチームの成功につながります。

 ## コーチングを実践しよう

コーチングの3つの基本スキルを説明します。

1. 積極的に傾聴する

傾聴は、相手の話に注意深く耳を傾け、相手の考えを理解し、気持ちに共感しようとすることです。相手が話す内容や感情に共感すると、信頼関係につながります。よく傾聴することで、相手は自分の答えを自由に発言しやすくなります。

話の内容だけではなく、相手の表情やしぐさ、また声のトーンなども含めて、よく傾聴しましょう。

2. 効果的に質問する

　リーダーが質問をして相手から答えを引き出していきます。「はい、いいえ」で答えられるクローズド質問（答えが限られる質問）もありますが、コーチングではできるだけ相手に自由に考えさせるオープン質問（答えが広がる質問）を使ってみてください！

　例えば、「何をやればよいと思う？（What）」「なぜそう思うの？（Why）」「だれが？（Who）」「どのように行えばよい？（How）」などといういろいろな答えが出てくるオープン質問を投げかけましょう！　英語で習う5W1H（What何、Whyなぜ、Whoだれ、Whenいつ、Whereどこで、Howどのように）を使うと相手に考えさせるオープン質問になります。

3. 具体的で前向きなフィードバックをする

　メンバーをさらに成長させるために、できるだけ早いタイミングで具体的に前向きなフィードバックをすることも大切です。フィードバックするときは、相手のよい点や成功した点はたくさんしっかりほめたり、感謝したりしましょう。「○○はすばらしかったね」、「○○してくれてありがとう」など。

　メンバーが失敗したときは、「今回の失敗の原因は○○だったね」、「次回は、○○すればうまくいくと思うよ」など、何をすればよくなるかわかるよう具体的にフィードバックしましょ

う。人の成長のためには「3つほめて、1つアドバイス」くらいの割合がよいようです。

ビジネスにおける 1 on 1 コーチング

　最近、ビジネスでもコーチングは積極的に活用されています。特に **1on1（ワンオンワン）コーチング（ミーティング）** という、メンバーの問題解決や成長支援のため、リーダーとメンバー1対1での定期的なコーチングを推奨する会社が増えています。アメリカ・シリコンバレーのグーグルやヤフーなどで効果的だったため、日本でもソニーやNTT、日清食品など多くの企業で実施されています。

　1〜3カ月に1回30〜40分くらいでの実施が多いようです。

　1on1のポイントは、主にメンバーが解決したい問題や成長のために必要なことなどを提示し、リーダーが前述の傾聴の質問スキルを活用し、相手によく考えて、話してもらうことです。またリーダーのための時間ではなく、メンバーのための時間であること、業務遂行のための時間ではなく、メンバーの成長や問題解決のための時間であることを意識して行うことです。

　あなたも1on1コーチングをチームで実践してみてください。

みんなのやる気を高めよう！

モチベーションを高くするには

内発的動機づけ

目標設定 「ギターを弾けるようになる」

興味と情熱 「好きな曲を弾きたい」

自己決定権 「こういう計画で練習しよう」

ギターを弾けるといいな

ポジティブ・ストローク理論

「君の演奏の○○がよい！」 承認と評価
→自信を得る

具体的な
フィードバック

「なぜなら○○だからだよ！」
→どこを伸ばせばいいのかがわかる

「みんながすばらしいと思っているよ」 ポジティブな
声かけ

この2つを合わせて使うことで
モチベーション（やる気）が高まる

どうすれば、人のやる気を高めることができる？

人のやる気を高めることを考えてみましょう！

あいさつする、声をかける、ほめる、認める、感謝する、はげます、悩みを聞くなどすると、相手のやる気（モチベーション）は高まります。これらを**ポジティブ・ストローク**と言い

ます。

　逆に無視する、怒る、けなす、否定するとやる気は下がります。これをネガティブ・ストロークと言います。

　では、相手を"しかる"というのは、ポジティブ・ストロークでしょうか？　ネガティブ・ストロークでしょうか？

　相手がよりよくなるためにいわゆる"しかる"、"For you（相手のために）"は、ポジティブ・ストロークです。それに対して、自分の腹が立ったからいわゆる"おこる"、"For me（私のために）"は、ネガティブ・ストロークです。

　時にはリーダーとして、相手の成長を考えて、言いにくいことを言う勇気も必要でしょう。

みんなのやる気を高めるストローク理論とは

　ストローク理論は、人は肯定的なフィードバックや評価を受けることでやる気が上がり、否定的な接し方でやる気が下がるという考え方です。

　例えば、あなたの友人が文化祭に出展するアート作品を制作し、あなたはその作品を見て、その美しさと独創性に感動しました。

　あなたは友人のアート作品についてポジティブ・ストロークします。

「あなたの作品の美しさに感動しました」、「特に構成と色使いがユニークで作品に引き込まれます」などと具体的に、ポジティブ・ストロークします。これにより、友人は自分の作品についてすぐれている点を認識し、次の創作へのやる気が高まります。

また前向きな質問をすることも効果的です。例えば「どのようにしてこの作品のアイデアを思いついたのですか？」、「○○の部分はどのような気持ちを表現したかったのですか？」などのポジティブな質問も、相手のやる気を高めていきます。

「あ・た・ま」のポジティブ・ストローク

日本IBMの元社長の北城恪太郎さんは、「あ・た・ま」という言葉をモットーにしてリーダーシップを発揮していました。

「あ」はあかるく、「た」はたのしく、「ま」はまえむきにという意味です。まさにポジティブ・ストロークですね。

ビジネスでは、苦労することや問題もいろいろと起こりますが、北城さん自身もチームのメンバーも、いつもこの「あ・た・ま（あかるく、たのしく、まえむきに）」を意識して、実践していたということです。

この「あ・た・ま」のポジティブ・ストロークを意識して自分自身とチームをリードしてみてください。

人をやる気にさせる ポイントを知ろう！

マズローの欲求5段階理論

自己実現欲求	自分の夢をかなえたい（サッカー選手）
承認欲求	成功して周囲に認められたい
社会的欲求	仲間と仲よくしたい
安全欲求	安定的にポジションにつきたい
生理的欲求	怪我をしたくない

キャプテンになって実績つむぞ！

 どうしたらやる気が出るか

　チームメンバーのモチベーション（やる気）を高めることもリーダーの重要な役割の1つです。モチベーションの高いチームと低いチームのどちらが高い目的、目標を実現できるか、また人が成長するかは明らかだと思います。

ではどのようにメンバーのモチベーションを高めていくのか、考え方をご紹介します！

マズローの欲求 5 段階理論とは？

　アメリカの心理学者アブラハム・マズローの欲求 5 段階理論によると、人間の欲求は下位の欲求を満たすと、上位の欲求に段階的に変化していきます。最も下位の欲求から上位の欲求まで順に、生理的欲求、安全欲求、社会的欲求、承認欲求、自己実現欲求となります。

　中学生のさとしさんの事例で見てみましょう。学校のサッカーチームに所属し、ゴールを決めることを期待されているフォワードのさとしさん。ここ 5 試合で、ゴールをまったく決めることができず、自信を失っています。

生理的欲求：生きていく欲求

　まずは体力を保ち、ケガをせずサッカーをプレーしたいという最低限の生理的欲求を満たす必要があります。

安全欲求：安全に生きていくという欲求

　次にこのサッカーチームでのポジションを安定的に得られるかどうか不安に感じており、ポジションを得て、安心してプ

レーに集中したいという安全欲求を持つようになります。

社会的欲求：社会に属したいという欲求

生理的 / 安全欲求が満たされるとさとしさんは、仲間とよい関係性を持ちたいと思うようになります。

承認欲求：認められたいという欲求

さらには、サッカーでうまくプレーし、チームに貢献することにより、チームメンバーや監督などから認められ、尊敬されたいと思うようになります。

自己実現欲求：自己実現したい欲求

これら4つの要求が満たされると、さとしさんは自分のサッカースキルを最大限にいかし、自己実現、自己成長を果たすことを望むようになります。

このようにさとしさんの**欲求は、下位のものを満たしながら、より上位のものに上がっていきます。**
マズローの欲求5段階理論を活用し、リーダーはメンバーが今どの欲求段階にあるのかを理解し、次の欲求に上がっていくためには、何をすればよいのかを考え、アプローチしていきましょう。例えば、メンバーが今、チーム内での関係性が良好で

社会的欲求まで満たされているとすれば、ほめたり、認めたりして、承認欲求を満たします。さらには、自分の目標実現や自己成長を意識してもらい、自己実現欲求を満たすようにします。

X理論とY理論

人のモチベーションに関するアメリカの心理学者ダグラス・マクレガーによるX理論とY理論を紹介します。

X理論は、一般的に人はなまけもので、働くことをいやがり、指示命令を受けてから行動するという考え方です。この理論では、人々は基本的に仕事をさけようとするため、リーダーがメンバーを監視したり、しかったりすることが必要だとされています。

Y理論は、人は自主性を持ち、条件を整えれば自分から積極的に仕事に取り組むという考え方です。この理論では、人々は自己実現欲求を持ち、責任感を持って仕事に取り組むとされています。Y理論では、リーダーはメンバーが自分自身を管理し、自主的に仕事に取り組むことをサポートします。

マクレガーの研究では、Y理論のほうがX理論より高いチームの成果が出るという結果となりました。**人は本来、自発的で、積極的に仕事に取り組んでいくというY理論の考え方に基づき、メンバーと接していきましょう！**

メンバーに自発的に動いてもらおう！

人を行動させるには

① 目的・目標を共有

絶対に成功させよう！

② 役割分担する

あなたは調べもの係

あなたはスライドをつくって

OK

③ フィードバック

どんな感じのデザインにする？

みんなのアイデアを聞く

すごい！

スライド

ほめる

④ 挑戦させる

がんばるぞ

応援してるよ

メンバーに自発的に行動してもらうには

　メンバーに自発的に行動してもらうためにはどのようにリーダーシップを発揮したらよいか学びましょう。

1. ミッション・ビジョン・目標を共有する

リーダーは明確なミッション・ビジョン・目標をメンバーに共有しましょう。それらが明確で魅力的であれば、メンバーはよりやる気をもって行動しようとします。

2. 役割分担し任せる

リーダーは役割分担しメンバーに適切な役割を任せ、彼らに自分の能力を発揮する機会をつくりましょう。

自分の役割や責任を持つことは、自発的な行動の一歩となります。

3. フィードバックする

結果だけでなくメンバーの考え方や行動を評価し、よいときにはほめ、悪いときには今後よくなるように前向きなフィードバックをしましょう。適切なフィードバックは自発的な行動と改善を促します。

4. 挑戦する文化をつくる

メンバーに新しいことに挑戦する機会を提供し、行動した人をほめましょう。何も挑戦せずに成功するよりも、前向きに挑戦した結果の失敗はそれ以上に評価しましょう。

リーダーがこれらの４つのポイントを実践することで、メンバーは自発的な行動をとり、チームの成功につなげることができます。自発的な行動は、協力とチームワークを高め、チームの目的・目標の達成に貢献します。

外発的な動機づけよりも内発的な動機づけが重要！

　チームメンバーの自発性を高めることは、ビジネスや社会活動でも重要です。アメリカの作家ダニエル・ピンクによる「モチベーション 3.0」という考え方があります。

　モチベーション 1.0 は、人間としての最低限の欲求「食べる」、「寝る」、「生活する」などの欲求です。これは最低限、だれもが満たされる必要があります。

　ポイントは、モチベーション 2.0 と 3.0 です。

　モチベーション 2.0 は、アメとムチによる外からの動機づけです。例えば、メンバーが成功した場合、給料 UP やごほうび

（アメ）を与え、失敗した場合、給料を減らしたり、しかりつけたりする（ムチ）などです。

このようなメンバーの動機づけもある程度は効果がありますが、こればかりではメンバーが外発的動機づけに慣れきってしまい、外発的な動機づけがなければ、自らモチベーションを高め、自発的に動くことができなくなってしまいます。

モチベーション3.0は、自分の心の中から出てくる内発的な動機づけです。「おもしろい」、「たのしい」、「やりがいがある」、「成長を実感できる」など心からわき出る内発的な動機でモチベーションを高めていくものです。

「あなたにとって何がおもしろい？」、「あなたの人生の目的は何？」、「どんなことにやりがいを感じる？」などとよく対話しながら、メンバーの内発的動機を引き出していきましょう！

モチベーション3.0を実現するためには、以下の3つのことを心がけましょう。

① チームの目的・目標、ルールはしっかり共有しつつ、
　　できるだけ本人の意向ややり方に任せる
② 本人の夢や目的・目標とやることを関連づける
③ 本人の学習や成長を意識、実感させる

内発的動機づけ（P139のイラストなど）を意識して、相手のモチベーションを高めていきましょう。

仲間を導くために必要な3つのこと

大切にしたい3つのE

エンパワーメント

仕事を任せて
やる気にさせる

エヴァリュエーション

メンバーの行動や
成果を評価して
フィードバックする

Empowerment

Evaluation

協力的なチーム

Engagement

エンゲージメント

人間関係・信頼関係を作る

メンバーを導くための3つのE

　メンバーを導くために必要な要素にはエンゲージメント（関
与する）、エンパワーメント（任せる）、エヴァリュエーション
（評価する）があります。これらの要素は、リーダーがメン
バーを効果的に導くために大切な要素です。それぞれの要素を

解説し、具体的な事例で説明します。

1. エンゲージメント（人間関係・信頼関係づくり）

　リーダーはメンバーと緊密にコミュニケーションをとり、人間関係や信頼関係をよりよいものにしましょう。

　傾聴、質問、承認をうまく使い、リーダーとメンバーがお互いを理解できる関係になるのです。

　お互いに自分のことをできるだけオープンに話したり、相手のことを理解・共感したりすることなどがポイントです。

2. エンパワーメント（任せる）

　メンバーのミッション・ビジョンの役割や権限、責任を明確に共有し、任せることで、メンバーの判断力をいかす機会を提供しましょう。メンバーが自発性を発揮できるようにしましょう。

3. エヴァリュエーション（評価する）

　リーダーはメンバーの実績や考え方、行動やプロセスといったことを評価し、フィードバックしましょう。リーダーはメンバーの成長を支援し、チームのパフォーマンスを向上させます。エヴァリュエーションはメンバーに対して、できるだけすぐに、何がよくて何がよくなかったかを具体的にフィードバックし、

今後よりよく改善できるヒントとなる内容をシェアすることが大切です。

 学校での活用例

3つのEのクラブ活動での活用例をご紹介します。

1. エンゲージメント（人間関係・信頼関係づくり）

例えば、バスケットボールクラブのリーダーが毎回の練習前にチームミーティングを開いて、メンバーから意見や感じたことを共有させることで、お互いの考えを理解し合い、人間関係・信頼関係が生まれます。

2. エンパワーメント（任せる）

例えば、音楽クラブのリーダーがコンサートの企画や運営をメンバーに任せることで、彼らの主体性が育ち、自信がつきます。この経験はメンバーにとって、貴重な学びと自己成長の機会となります。

3. エヴァリュエーション（Evaluation）

例えば、写真クラブのリーダーが定期的に写真展を開催し、各メンバーの作品に対して具体的な評価と改善提案を行うことがあげられます。これによりメンバーは自らの技術を見直し、

次のステップへ進むための動機づけがされます。

　これらの 3 つの E は、クラブ活動においても非常に効果的で、メンバーがそれぞれの役割において成長し、クラブ全体がよりよく機能するように貢献します。

コロナによるリモート環境で 3 つの E が注目された！

　ビジネスでは、この 3 つの E（エンゲージメント、エンパワーメント、エヴァリュエーション）は、2020 年以降、感染症対策で行われるようになったリモートワーク（オフィスではなく自宅などで働くこと）でより注目されるようになりました。

　リモートワークが始まったころ、同じオフィスにメンバーがいる対面ワークに比べて、リーダーからメンバーへのリーダーシップやメンバーどうしのコミュニケーション、またメンバーのやる気が低下する問題などが多く発生しました。

　そこで、「よい人間関係・信頼関係づくり」「明確に任せること」「具体的な評価やフィードバック」の 3 つの E の重要性が増してきました。

　リモート環境、対面での環境にかかわらず、この 3 つの E を意識すると、チームのコミュニケーションや成果が高まりますので、みんなで実践してみましょう！

どんなタイプの仲間がいるか？

4つのタイプを知ろう

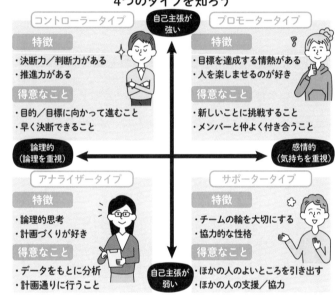

コントローラータイプ

特徴
・決断力／判断力がある
・推進力がある

得意なこと
・目的／目標に向かって進むこと
・早く決断できること

プロモータータイプ

特徴
・目標を達成する情熱がある
・人を楽しませるのが好き

得意なこと
・新しいことに挑戦すること
・メンバーと仲よく付き合うこと

自己主張が強い

論理的（論理を重視）

感情的（気持ちを重視）

アナライザータイプ

特徴
・論理的思考
・計画づくりが好き

得意なこと
・データをもとに分析
・計画通りに行うこと

サポータータイプ

特徴
・チームの輪を大切にする
・協力的な性格

得意なこと
・ほかの人のよいところを引き出す
・ほかの人の支援／協力

自己主張が弱い

メンバーの様子や特徴を観察しよう

　社会にはさまざまなタイプの人がいて、そのような人たちと関わることで人生が豊かになります。学校や部活などで出会う人たちは、みんな違ったタイプです。今回は、「コントローラー」、「プロモーター」、「サポーター」、「アナライザー」とい

う**4つのタイプ**について学びましょう。これを知ることで、他の人とのコミュニケーションがもっとうまくいくようになるかもしれません。

4つの人のタイプ

1. コントローラー：論理的で、自己主張が強いタイプ

コントローラーは、物事をどんどん進める力があります。目的・目標に向かってまっすぐすすむことが得意で、自分に自信があります。チームの中で、何をするべきか決めたり、重要な決断をしたりするのが得意です。

コントローラータイプの人とは、はっきりとした自分の意見を持って話すことが大事です。彼らはストレートなコミュニケーションを好むので、まわりくどい話し方より、具体的なアイデアや意見を結論から先に伝えましょう。

2. プロモーター：感情的で、自己主張が強いタイプ

プロモーターはみんなと仲よくするのが大好きで、情熱的なタイプです。新しいことに挑戦するのが好きで、みんなを楽しませることが得意です。人をやる気にさせたり、元気づけることが得意です。

プロモーターと話すときは、自分のやる気を表現したり、元気で楽しい雰囲気を大切にしましょう。彼らは前向きな気持ち

を求めているので、共感したり、自分のアイデアや意見を述べたりするとよいでしょう。

3. サポーター：感情的で、自己主張が弱いタイプ

　サポーターは、人に対してやさしくて協力的です。人の気持ちをよく考え、チームワークを重要視します。みんなを支えることで、チームに貢献します。サポーターには、「ありがとう」「助かった」などの感謝を伝えることが大切です。

　彼らは人のよいところを引き出すのが得意なので、手助けやサポートに対して、感謝の言葉をしっかりと伝えましょう。

4. アナライザー：論理的で、自己主張が弱いタイプ

　アナライザーは、データや事実をもとに考えることが好きで、計画的に動きます。問題を解決したり、計画を立てたりするのが得意です。

　アナライザーと話すときは、論理的で具体的な情報を伝えましょう。彼らは感情よりも事実を重視するので、具体的で根拠のある話をしましょう。

　これら4つのタイプはどれがよくて、どれが悪いということはありません。特徴に違いがあるということです。

　友だちやクラスメイトとの関係を深めたいとき、これらのタ

イプを理解して、**それぞれに合ったコミュニケーションをする**
ことが効果的です。

戦国武将をタイプ分けするとどうなる？

　著者なりに戦国時代の武将をタイプ分けしてみました。

　まず、織田信長はコントローラーです。信長は論理的で自己
主張が強く、自分の信念を強く持ち、新しいやり方で目標を達
成しようとしました。強いリーダーで決断力がありました。

　次に、豊臣秀吉はプロモーターです。秀吉は人を引き付ける
力があり、多くの人を巻き込むことが得意でした。人々を励ま
し、支持を集める力がありました。

　徳川家康はサポーターです。家康は人との関係を大切にし、
安定した支配を築くために協力を大切にしました、忍耐強く、
まわりとうまくやっていく力がありました。

　最後に明智光秀はアナライザーです。光秀は計画を立てるこ
とが得意で、物事をじっくり考えるタイプでした。細かいとこ
ろまでよく考え、計画的に動きました。

話をまとめる力

話をまとめるにはどうする？

1 みんなの意見を聞く
　（例）「あなたはどう思いますか？」

2 共通点と目的・目標を確認
　（例）「○○さんと○○さんが
　　　　言っていることは、つまり
　　　　○○の点では一緒ですよね」

3 具体的な提案／結論をまとめる
　（例）「○○という共通点があるので
　　　　○○を結論とします。
　　　　○○を実現するにはこの順番で
　　　　○○をやっていきましょう」

4 フィードバックを求める
　（例）「これでよろしいですね？」

話をまとめる

　リーダーシップにおける「話をまとめる力」とは、チーム内で発生するいろいろな意見や提案をうまく整理し、チームの目標達成に向けた結論をまとめる力のことです。この力は、学校のクラス活動、クラブ活動、さらには友だちどうしの会話など

においても、たいへん重要です。

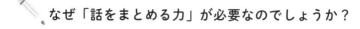

なぜ「話をまとめる力」が必要なのでしょうか？

　チームで何かを決めるとき、いろいろな意見が出ることがあります。目的・目標に向かってすすむためには、リーダーとしてこれらの**意見をうまくまとめ、全員が納得できる方向性をつくり出す**ことが求められます。

「話をまとめる」ためのステップ

みんなの意見を聞く

　まずは、チーム内の全員から意見を質問と傾聴で聞き出します。発言しにくい人もいるかもしれないので、質問するなどしてみんなに発言をしてもらいましょう。

共通点と目的・目標を確認する

　さまざまな意見の中から共通点を見つけ、チームの最終目的・目標を再確認しましょう。

具体的な提案・結論をまとめる

　意見を整理し、判断基準や優先順位などを考え、具体的な提案をしましょう。「このように進めてはどうでしょうか？」と、みんなの意見を 1 つにまとめる提案をしていきます。

　提案したあとは、グループメンバーからのフィードバックを求めます。できるだけ全員が納得するまで、必要に応じて提案について議論しましょう。

 学校ではどう使う？

　例えば、クラスで文化祭の出し物を決める際、多様なアイデアが出されます。学級委員は、提案されたアイデアをもとに、実現しやすさや参加しやすさなどの基準を考え、みんなが納得できる案をまとめ上げます。

　ほかにも、スポーツクラブ活動での練習メニューを決めるときにも、部員からは「攻撃を強化したい」「守備を固めたい」といったいろいろな意見が出ます。キャプテンはこれらの意見をまとめ、優先順位などを考えて、バランスのよい練習計画を立てる必要があります。

　このように「話をまとめる力」は、チームが目的・目標に向かって協力するために必要になります。この力を身につけることで、リーダーはメンバーからの信頼を得ることができ、プロジェクトや活動を成功に近づけることができるでしょう。どんな状況でも落ち着いて公平に全員の意見を聞き、まとめることができるリーダーが求められています。

ファシリテーション・スキルとは？

ビジネスにおいて、**話を引き出しまとめる力はファシリテーション・スキルとして重要視**されています。ファシリテーションには、次の3つのステップがあります。

1. 話しやすい雰囲気をつくるステップ

まずは、自己紹介や最近の出来事の紹介などでお互いに話をしやすい雰囲気をつくります。"氷をとかすようにかたい雰囲気をゆるめること"として、アイスブレイクと呼ばれます。

2. アイデアを広げるステップ

質問することと話をよく傾聴することで、みんなから自由に、できるだけ多くのアイデアを引き出していきます。内容のよし悪しよりもより多くのアイデアを出すことを優先しましょう。

3. アイデアをまとめ、結論を出すステップ

出てきたアイデアをまとめたり、優先度をつけたりしながら、みんなが納得するような結論に導いていきます。

3つのステップを混同せずに、分けて実施しましょう。

自分の話を聞いてもらうには

ＤＥＳＣ話法をやってみよう

Describe（記述）
客観的事実を述べる

現在準備が遅れています

Express（表現）
自分の気持ちを表現する

私はとても心配しています

Suggest（提案・具体化）
具体的な要求や提案をする

毎週月曜日に集まって
それぞれの進み具合を
確認し、遅れている
ところを手伝いませんか

Consequences（結果）
提案が受け入れられた
場合の結果を説明する

そしたら、何とか
締め切りを守ることが
できます

ＤＥＳＣ話法のように会話すると自分の要望を
相手に具体的に伝えられ、相手も受け入れやすくなる

WIN-WIN コミュニケーション
（ウィン ウィン）

突然ですが問題です。「世界一読まれている本はどの本でしょう？」

正解は『聖書』です。

『聖書』の有名な言葉の１つに「人にしてもらいたいと思う

ことを、あなたがたも人にしなさい」という言葉があります。人間関係でも、やってもらってばかりという受け身の姿勢では、人が離れていってしまいます。ほかの人の利益のために行動できるのはリーダーの資質の1つで、お互いにそのように動けるとよい関係性を築くことができます。

「WIN-WIN」という言葉を聞いたことはありますか？ WIN-WINとは「自分も相手も勝つ（よい結果となる）」という考え方です。

簡単な例ですが、自分が映画を見たいと思っていて、相手がおいしいものを食べたいと思っているとしましょう。「映画を見る」、「食事をする」のどちらかだけのWIN（よくなること）で言い争うのではなく、「映画を見たあとで、近くでおいしい食事をする」といったように双方にとってよい結果となることがWIN-WINの状態です。

デスク話法を使って話してみよう

WIN-WINを実現し、自分の要求を聞いてもらう方法として、デスク（DESC）話法（**D**escribe, **E**xpress, **S**uggest, **C**onsequences）があります。DESC話法は、自分の要求や感情を整理して伝えることで相手に納得してもらうためのコミュニケーションの方法です。次の4つのステップで話を展開します。

クラスで学園祭のイベントを考えており、みんなは音楽系の
イベントをしたいと思っている例で説明します。

1. 客観的事実を述べる（Describe）

　まず状況や問題を客観的に述べます。具体的な事実や観察し
たことを伝えましょう。自分の気持ちや評価は入れず、客観的
な事実を伝えます。

　「調べてみると今年は音楽系の出し物を企画しているクラス
が10クラス中5クラスもあるようです。」

2. 気持ちを表現する（Express）

　次に、自分の感情や感じていることを正直に表現します。相
手に対して、どのように感じているかを伝えましょう。自分の
気持ちを率直に表現することが重要です。

　「私も音楽系のイベントは楽しく興味があるのですが。」

3. 具体的な提案をする（Suggest）

　このステップでは、具体的な提案・要求や期待を伝えます。
相手に対して、どのような変更や行動を望んでいるかを具体的
に提案しましょう。

　「今年は、音楽も交えた演劇系のイベントをしませんか？」

4. 期待できる結果を伝える（Consequences）

　最後のステップでは、自分の提案が受け入られた場合どのようなよいことがあるのか述べます。

　「そうすると、みんながやりたい音楽の要素も入りますし、また他のクラスと違うので、多くのお客さんに来ていただけるのではないかと思います。」

　このように DESC 話法を使い、自分の気持ちや提案を明確に伝えることで、WIN-WIN の関係づくりにつながります。

WIN-WIN を考えよう！

　WIN-WIN という考え方は、ビジネスの交渉において、よく活用されます。アメリカのハーバード大学の「交渉術」の授業でも WIN-WIN 交渉の考え方と実践方法が教えられています。

　自分の要求と相手の要求をともによく考え、双方が WIN になることを目指します。このような WIN-WIN 交渉を行うときにも、DESC 話法を活用できます。

　これによって、自分も相手もメリットを得られる"WIN-WIN"の結果を生み出すことができます。

自分の考えを
わかりやすく伝えよう！

プレゼンテーションに挑戦

相手はだれか・どんな人か

・相手に伝わるように内容を考えよう
・相手が聞きたくなる話題を選ぼう

何を伝えたい？

・ポイントをしぼり、相手に自分が
　伝えたいことが効果的に
　伝わるように構成しよう

ジェスチャーや声のトーンも工夫してみよう

・身振り／手振りをつけるようにしよう
・話がもり上がるところで声のトーンを工夫してみよう

プレゼンテーションはなぜ重要か？

あなたは「TED」のプレゼンテーションを見たことはありますか？

世界中の有名人や知識人が、さまざまな話題でプレゼンテーションしている講演会で、スピーチの動画を WEB 上で公開し

ています。自然科学、歴史、哲学、文化、社会問題などを解決するアイデアをプレゼンテーションを通して発信していて、話題を集めています。

　環境が変化し、さまざまな新しいアイデアが求められている現在は、このように効果的にアイデアを発信するプレゼンテーションの重要性が増してきています。

プレゼンテーションの基本

　プレゼンテーションを作成するときには、次の3つの要点をおさえておきましょう。

1. 相手を理解すること

成功するプレゼンテーションの第一歩は、相手を理解することです。

　例えば、環境問題についての対策を説明するとき、相手が環境問題に詳しい先生や専門家であるか、まったく知識のない学生かによって、使う言葉や説明の仕方が大きく変わってきます。

　相手の知識レベル、興味や関心を理解した上で、プレゼンテーションの内容を組み立てることが大切です。

2. 内容（構成）を考える

成功するプレゼンテーションは、伝える内容やプレゼンテー

ション自体の「組み立て」に注意することが重要です。はじめに、聞き手の注意を引くためのフック（きっかけ）を用意します。これは、質問を投げかけたり、おもしろい事実やおどろくような調査結果だったり、あるいは関連する自分のストーリー（経験談）でもかまいません。その後、伝えたい主要なポイントを2、3個くらいにしぼり、各ポイントの証拠や例などを示します。最後に、ポイントをまとめ、「あなたも〇〇しませんか」などといった聞き手の具体的な行動につながる提案をします。

3. 伝え方を工夫する

　伝え方には、内容だけでなく、非言語的なコミュニケーションも含まれます。ジェスチャー（身ぶり手ぶり）や表情、視覚的な資料（スライドや画像）、声のトーンや強弱などをうまく使うことで、内容や伝えたいメッセージをより効果的に伝えることができます。また、自分の経験談などを語るストーリーテリングはたいへん強力な手法で、聞き手の記憶に強く印象が残ります。自分の経験や事実やデータをストーリー（物語）の形で伝えることで、聞き手の心に響き、関心や記憶を持続させることができます。

　感動するようなプレゼンテーションで、聞き手の行動につなげましょう！

プレゼンテーションの達人

　アップルの創業者にして元経営者のスティーブ・ジョブズさんは、アップルを世界トップクラスの企業に成長させたリーダーです。ジョブズさんは、プレゼンテーションの達人としてもよく知られています。彼は常に聞き手をひきつけ、シンプルで強力なメッセージやストーリーテリング、インパクトのある投影資料を使い、アップルの製品やビジョンを伝えました。

　ジョブズさんのプレゼンテーションにおける成功のポイントは、彼が常に聞き手の立場に立ち、何を知りたいのか、何を求めているのかを深く考えていたことにあります。

　また、彼は伝え方も工夫していました。彼は難しい技術的な内容を、分かりやすい投影資料や表現を使い、ステージを動きながら、身ぶり手ぶりを交えてインパクトのある伝え方で聞き手に語りかけました。

　「プレゼンテーションは、準備8割、本番2割」 と言われます。成功させるためには、準備（練習も含める）と構成をしっかり固めることが重要です。

　ジョブズさんのような達人でも、大事なプレゼンテーションの前には、何十回も練習を行っていたそうです。

　ジョブズさんのプレゼンテーション動画は YouTube などで公開されているので参考にしてみてください。

仲間外れはつくらない！

仲間外れをつくらないために

話しかけよう
　・趣味のこと　　　　活動に誘おう　　　話し合おう
　・好きなこと

よい雰囲気をつくることができる

リーダーは人を大切にしよう
仲間外れに気づいたら、改善に尽力しよう

仲間外れをつくらないことの大切さ

　あなたは自分が仲間外れにされたり、または仲間外れにされている人を見たことはありますか？　筆者自身は中学生のとき、クラスで仲間外れにされて本当につらい思いをしたことがあります。

中学校、高校、大学などでは、多様な生徒が集まり、自然とさまざまなグループができてきます。そして、その中でときどき、一部の生徒が仲間外れにされることがあります。

実はこの状態はその生徒個人だけでなく、クラス全体の雰囲気にも悪影響を与えます。

このような場合、1人1人がリーダーシップを発揮し、仲間外れをなくし、みんなが仲よく一緒にすごせる環境をつくる方法を考えていきましょう！

教室の中で起きることをイメージしよう

例えば、クラスに新しい生徒が転校してきた場合を想像してみてください。最初、転校生はなかなかクラスになじめないかもしれません。だれかが積極的に話しかけたり、チーム活動に誘ったりすることで、その転校生も少しずつクラスにとけ込んでいくことができるでしょう。このような取り組みは、クラスのチームワークをよくするきっかけとなります。

リーダーシップは決して難しいことばかりではなく、小さなことからでも始められます。日ごろの小さなこと、例えば「放課後にみんなでお互いの趣味や特技について楽しく話そう！」と提案するなど、だれもが参加しやすい活動を企画するだけでもよいのです。大切なのは、だれ1人取り残さないようにする

ことです。

　好きなスポーツや趣味について話すとき、自然とまわりもその話題に興味を示しはじめます。これがきっかけで新しい友だちができたり、クラスがまとまったりすることもあります。

　しかし、グループ内で意見が分かれることもあります。そんなときにリーダーの役割が重要になります。一部の人の意見だけを採用するのではなく、みんなの意見を聞いて、みんなが納得できる解決策を見つけることが求められます。これができれば、クラスの雰囲気はさらによくなるでしょう。

　リーダーシップには「人を大切にすること」が求められます。自分がどう思うかだけではなく、まわりの人がどう感じているかを考え、行動することが大切です。このような心がけで、「仲間外れ」は自然となくなっていくのではないかと思います。

　学校生活は、勉強だけではなく、人とどう接するか、どうやって仲よくなるかを学ぶ大切な場所です。みんながリーダーシップを発揮して、クラス全体が前向きで楽しい雰囲気になるようにしましょう！

社会や会社でも「仲間外れ」は起こってしまう

　社会でも、チームワークは非常に重要です。リーダーにとっ
て、だれも仲間外れにしないようにすることは、チームを成功
と成長に導くための重要な役割です。

　第2章のPM理論（P44）では、目標達成のパフォーマンス
と人間関係づくりのメンテナンスについて説明しました。その
メンテナンスにあたります。

　会社やチームでも仲のいい人だけが集まり、だれかが仲間外
れになってしまうことがあります。

　ポイントは、よく対話するなどして、お互いに理解し合うこ
とです。例えば、ミーティングの始めに、「お互いの趣味や得
意なこと」や「最近おもしろかったこと」を情報交換してみま
しょう。話し合い、理解し合うことで、仲間外れはなくなって
いくでしょう。

　あなたは仲間外れになっている人がいたら、何をしてあげら
れますか？

ほかの人の前で
プレゼンテーションをしよう

　プレゼンテーションの内容には、必ずテーマや、相手に伝えたいことがあります。テーマに沿って自分の主張を相手を理解しつつ、根拠をふまえて説明しなければなりません。

ステップ >1< 　相手に伝わりやすい内容で
プレゼンテーションの原稿を書いてみよう

まずは内容を、序論・本論・結論の順番で作成しましょう。

序論	本論	結論
導入部分	主張のかなめ	まとめ
自己紹介やテーマなどを簡単に話して、興味を持ってもらう。	一番伝えたいことを伝える。データや統計などで根拠を示すと説得力が出る。	聞き手への提案を行い、行動をうながす。記憶に残るメッセージを伝える。

　自分が伝えたいことの正当性を示すために、統計などの調査報告や過去の資料からデータなどを引用しましょう。数値で何

がどのくらい違うのかを表すことができると、説得力が増します。

ス}テ}ッ}プ >2< 資料やスライドは
ポイントを押さえてシンプルにつくろう

　人が一度に受け入れられる情報量には限界があります。したがって、ポイントをしぼった資料・スライドをつくる必要があります。がんばってそれらをカラフルに作っても、見づらい資料となります。重要な箇所にだけ色をつけるようにして、色の数は多くとも3〜4色以内にしましょう。

　またスライドもたくさんあればよいということはありません。スライドには長い文章は入れず、本当に重要でわかってほしいことだけを入れ、5分程度のプレゼンテーションであれば大体5〜6枚程度を基準としましょう。

　ほかにも、発表内容をまとめた紙の資料（レジュメ）を配布することもありますが、この内容も伝えたいポイントをしぼるようにしましょう。

ステップ >3< 相手に伝わるように話そう
話し方や身ぶり手ぶりも大切

　人前に出て話すときには、緊張してしまって頭が真っ白になる、という人がいるかもしれません。でも、できるだけ原稿やメモから顔を上げてプレゼンテーションをしましょう。聞いてくれている相手のために、正面を向いて話すとよいでしょう。

　また、ほかの人に訴えかけるのですから、身ぶりや手ぶりをいれたり、話し方に抑揚（よくよう）をつけることで、よい印象を与え、注目を集めたり親しみを持ってもらえるようになります。

　プレゼンテーションは話し手の一方的な主張ではなく聞き手との双方向のコミュニケーションです。相手の立場にたってわかりやすい発表を準備しましょう。練習を重ねることで発表のレベルも上がります。

第5章

世界や社会のことも
考えよう！

世界や社会のことを
意識しよう！

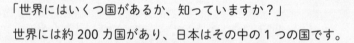

「世界にはいくつ国があるか、知っていますか？」

世界には約 200 カ国があり、日本はその中の 1 つの国です。

では、「世界の人口はどれくらいか、知っていますか？」

2024 年現在、全世界の人口は約 80 億人にも上り、今も増え続けています。しかし、日本の人口は約 1 億 2000 万人で減少傾向にあり、高齢化も進んでいます。

これらからわかるのは、約 200 倍の国々、約 66 倍の人口という、より大きなチャンスが世界には広がっているということです。逆に言えば、活動範囲を日本国内だけに限定してしまうと、視野がせまくなりチャンスは小さくなってしまいます。

また、自分たちのメリットを追求するだけではなく、1人1人がよりよい社会をつくるためにできる社会貢献についても考えていきましょう。

　世界には、貧困、教育の機会不足、紛争や戦争、環境問題など、実に多くの社会問題があります。これらの問題で困っている人々を助け、サポートしたいと思う人もいるのではないでしょうか？

　募金やボランティア、地球環境に配慮した行動など、小さな一歩を踏み出すことが、大きな変化を生むことにつながります。

　これからの時代は、日本だけにとどまらず、世界に広く目を向け、多様な文化や価値観を受け入れ、ともに成長していく姿勢が求められます。

　そして、その中で見出した自分自身の夢やビジョンを追求し、よりよい未来、よりよい社会の実現に向けて、一歩一歩進んでいきましょう。

　世界には多くの可能性があり、あなたの一歩が大きな変化を生み出すこともあるかもしれません。

　世界や社会のことも考えて行動していきましょう！

世界に目を向けよう！

グローバルマインドセットを身につけよう

文化的感受性

私の国では、毎日5回
お祈りの時間があります

多様性への
オープンマインド

グローバルな視野

このプロジェクトで
世界の問題を解決します

世界に目を向け、成長しよう！

　世界のことに興味があり、自分の視野をより広げたいと思うのであれば、気になっている国のことなどについて調べてみましょう。もし、今は興味がなかったとしても、ニュースや本を読んで世界に目を向けることは、自分の視野を広げることに役

立ちます。国際的な視点を持つことで、将来の夢やビジョンが広がり、より豊かな人生を築く一歩にもなるでしょう。

　すぐに海外に出て行くことは難しいかもしれませんが、国際感覚を身につけるためにすぐにできることがあります。下記の6つのことを実践してみてください。

1. 国際ニュースをフォローする

　インターネットやSNSなどのニュースで、日本や世界の出来事や問題について見てみましょう。国際的な知識を深めることで、世界への理解が広がります。

2. 他国の文化や習慣を学ぶ

　料理、音楽、芸術、スポーツなど興味がある分野について学んでいくと、楽しみながら異文化を理解することができます。

3. 他国の言語を学ぶ

　英語、中国語、スペイン語、フランス語などの他国の言語を学ぶと、世界の人たちと直接同じ言語で会話できるようになります。また言葉を理解していくことで異文化を理解する助けになります。

4. 海外の人と交流する

　今は対面だけではなく、インターネットやSNSを通じて世界中の人と交流できる時代です。彼らと実際に友だちになったり、コミュニケーションをとってみましょう！

5. 国際的なイベントに参加する

　学校などでも国際的な問題について話し合い、意見を交換しましょう。また、NGO（非政府組織）や、ボランティア団体など、地域の組織が開催するイベントなどに参加することもよい経験になるでしょう。

6. 日本のこともよく知ろう

　海外の人と接すると、よく日本のことを聞かれます。例えば、「日本にはどんな習慣、マナーがありますか？」「日本の伝統芸能は何ですか？」「日本の神社と寺院は何が違うのですか？」などです。**グローバルで活動するためには、日本のこともよく知る必要があります。**外国人に対して、日本のことを何か話せるようにしていきましょう。また、海外のことを知ると、その比較から日本のことをよく理解できるようになります。

グローバルマインドセット

　グローバルマインドセットとは、自分の視野を世界に広げ、異なる文化や視点を理解し、尊重する能力です。これは、国際的な環境での仕事において、非常に大切な能力です。以下のような特性が身につきます。

①グローバルな視野

　国際的な視点で考え、世界の動向に敏感に対応できるようになります。グローバル化に適応できる能力が向上します。

②文化的感受性

　異なる文化や習慣を理解し、お互いを尊重する気持ちが高まります。グローバルコミュニケーションがスムーズに行えるようになります。

③多様性へのオープンマインド

　異なる背景を持つ人々と協力し、異なる視点を受け入れることで、それを長所として活用することができます。

　グローバルマインドを持つことは、個人の人生や成長において大きなメリットをもたらします。

文化の違いを理解しよう

 ハイコンテクスト　と　ローコンテクスト

空気を読む　　　　　　自分の意見を主張する

みんな同じ意見です　　　私はそうは思いません

柔軟に対応する　　　　はっきりした意思表示

どちらでも大丈夫です

No
私は反対です

Yes
私は賛成です

 異文化理解のために

　文化が異なる外国の人々と交流する際、その文化に適切に対応することが必要です。

　例えば、あいさつの仕方や食事のマナーなどを勉強しておけば、相手の文化への敬意を示すことができ、信頼関係を築く第

一歩となります。「不慣れだと不恰好に見えるのではないか？」と思うかもしれませんが、要は相手を尊重したいという気持ちが伝わればよいのです。

また、**異文化コミュニケーションにおいてハイコンテクストとローコンテクストという考え方**を理解しておくと役立ちます。

 ## ハイコンテクスト文化

ハイコンテクスト文化は、情報や意味が主に非言語的な要素や文脈から伝わる文化です。日本、アジア諸国、中近東、アフリカなどの多くの国がハイコンテクスト文化です。

ハイコンテクスト文化の日本では、「あうんの呼吸」でわかり合うことや「空気を読む」ことなどが大事だとされています。

さらにハイコンテクスト文化では、社会的な関係性がコミュニケーションに大きな影響を与えます。長い間の信頼関係や家族のつながりが大切にされています。

 ## ローコンテクスト文化

ローコンテクスト文化は、情報や意味が言語で直接的に伝わる文化です。アメリカや多くのヨーロッパ諸国がローコンテクスト文化です。

異文化間コミュニケーションにおいては、相手の文化的な特

徴やスタイルに合わせたアプローチをとることが大切です。

　グローバル環境ではお互いのもつ文化やバックグラウンドが異なるため、基本的にローコンテクスト的に「YES ／ NO」や「5W1H」をはっきり伝えるコミュニケーションをとりましょう。

 ## その他の異文化理解の切り口

　その他の異文化理解の切り口としては、権力格差というものがあります。例えば、日本、韓国、中国などのアジアやアフリカなどは権力格差が大きく、権力を持つリーダーが言うことにメンバーがそのまま従う傾向があります。それに対して、欧米の国々は比較的、権力格差が小さいため、リーダーが言うことに対してメンバーが反対したり、違う意見を主張したりすることが起こりがちです。

　個人主義化傾向という指標があり、アメリカ、イギリスなどの欧米の国々は個人主義化傾向が高いため、個人で目標を立て、個人で実行し、評価を受けることを好みます。それに対して、日本、中国、タイなどのアジアの国々は、個人主義化傾向が低いため、チームで目標を立て、チームで協力して実行し、チームで評価を受けることを好みます。

このような文化の違いは、どちらかがよくて、どちらかが悪いというものではありません。「間違いではなく、単なる違い」なのです。

　異文化理解においては、①共通点と違いを理解する②違いを尊重する③その違いを長所としていかすようにしましょう。

日本の常識は世界の非常識！

　筆者は海外（中国）に駐在したとき、英語や中国語などの言語の問題以上に異文化理解についてたいへん苦労しました。

　例えば、日本は「すみません」、「申し訳ありません」とすぐにあやまる文化です。それに対して、中国はあまりあやまらない文化です。歴史的な背景からそのような文化の違いが生まれたようです。私からすると「なぜ、中国人は自分が悪くてもあやまらないのだろう？　失礼だ！」と不満を感じ、中国人からは「なぜ、日本人はすぐにあやまらせようとするのだろう？失礼だ！」とお互いに不満や不快感を持っていた時期がありました。しばらくして、それが「文化の違い」だと理解できるようになり、ストレスが少なくコミュニーションできるようになっていきました。あらかじめお互いの文化の違いについて理解しておくと、むだな誤解やすれ違いが起こりにくくなります。

多様性（ダイバーシティ）とは

軽音部でコンサートをしよう

バンドA

・留学生 / 留学経験者がいる
・外国のことも知識がある

↓

 多様な意見が出た

世界中の子供向けの曲を集め、観客参加型のコンサートを行い好評だった。

バンドB

・日本出身
・国外のことをほとんど知らない

↓

 あまりアイデアが出なかった

あまり新しいアイデアが出ず、昨年と同じ日本のアニメソングを演奏した。ほかのバンドと似たような内容になり、人気は出なかった。

ダイバーシティとは？

　最近、ダイバーシティという言葉が、よく聞かれるようになってきました。これはリーダーもメンバーも理解しておきたい重要な要素の1つです。

　ダイバーシティは日本語では「多様性」と訳します。多様性

とは、人々が異なる要素や特性を持っている状態のことです。

　社会的責任としてどんな人でも公平に扱うべきであるという「守りのダイバーシティ」と、多様な人が集まることで新しいアイデアが出て、イノベーションや生産性向上につながるという「攻めのダイバーシティ」があります。

さまざまな多様性

多様性には、例えば以下のようなものがあります。

国籍、文化的な多様性

世界にはさまざまな国や文化が存在し、それぞれが独自の言語、習慣などを持っています。例えば、日本とアメリカはそれぞれ異なる言語や文化を持っています。その違いを理解し受け入れましょう。

ジェンダー（性別）の多様性

男性、女性、その他、それぞれをステレオタイプ（固定観念）で決めつけず、価値観の違いや考え方の違いなどを理解するようにしましょう。

宗教的な多様性

世界にはさまざまな宗教があり、人々は異なる信仰を持って

います。

日本では宗教はあまり意識されませんが、特に中東ではイスラム教、欧米ではキリスト教、アジアでは仏教の特徴やマナーを理解し、尊重することが大事です。

能力や価値観の多様性

人々は異なる能力や価値観を持っています。さまざまな分野で異なる能力や価値観をいかすことが大切です。

なぜ多様性を尊重するのか

多様性は、個人や社会にさまざまなメリットをもたらします。

異なるバックグラウンドや視点を持つ人々が協力することで、新しく多面的なアイデアや解決策を見つけることができるからです。

また、異なる背景を持つ人々と交流することで、共感や理解が深まり、差別や偏見を減少させることができます。

具体的な事例

例えば、学校に留学生が来た場合を考えてみましょう。留学生は自分の国の文化や言語を持っており、日本人のクラスメイトと異なるバックグラウンドを持っています。そのため、留学生がクラスに参加することで、日本の生徒は外国の文化にふれ、

国際的な視野を広げる機会を得ます。逆に留学生も日本の文化を学ぶことができます。

チームで行う研究や発表では、異なるバックグラウンドを持つ生徒どうしが協力し、独創的なアイデアを出すことができるかもしれません。

このように、多様性はチームの学習と成長、創造性の向上に役立ちます。

ビジネスにおける多様性活用の例

日産自動車では、多様性をビジネスにいかそうとしています。自動車購入におけるキーパーソンの約6割が女性であることに着目し、主に女性社員により女性顧客の求めるニーズを商品開発に反映させる取り組みを行っています。

例えば、女性社員が商品企画リーダーとなった小型乗用車開発において、「日産ノート」が誕生し、今では同社の主力車種の1つに成長しています。

思い込み、決めつけを なくそう！

思い込みをなくすには

思い込んでいないか？
（自己認識）

見た目で
判断していた…

知識を深めよう
（教育とトレーニング）

愛想笑いは
外国では
通用しません

話してみよう
（対話とコミュニケーション）

邪魔になるから
結ってるだけなの

実は緊張
してました

経験してみよう
（多様な環境でも経験）

あまり
笑わないけど
親切だな

聞いてみよう
（フィードバックの受け入れ）

もっと早く相談
してくれれば
よかったのに

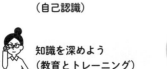

 思い込みや決めつけはだれにでもある！

　私たちは、ほかの人を見るとき、自分が知っていることや経験に基づいて、「この人は○○な人だ」などと無意識に決めつけてしまうことがあります。これはだれもが持っている傾向です。

このような傾向は育った環境や経験によって学習してきたもので無意識のうちに自らの考えや行動に影響します。例えば、ある特定の性別や人種、世代に対する偏見(へんけん)がこれにあたります。

　また、「ステレオタイプ（先入観 / 思い込み）」とは、ある特定の人たちに社会の中でよくありそうなイメージを押し付けて勝手にそうだと思い込んでいることです。

　例えば、女性は感情的で、男性は論理的であるとか、日本人はチーム意識が高く、アメリカ人は個人主義であるなどと単純にすべての人がそうだと決めつけることはステレオタイプです。

　相手の文化的な傾向を知っておくことは効果的ですが、ステレオタイプにならないよう、よく対話して1人1人の個性をよく理解するようにしましょう。

　では、どうやってこれらの思い込みや決めつけをなくしたらよいでしょうか。

思い込みや決めつけをなくすには

1. 自分の思い込みを知る

　自分が持っている思い込みや、決まりきった考えに気づけるように情報を集めたり、フィードバックをもらったりして、自分を見つめ直しましょう。

　異なる背景を持つ人たちと対話し、彼らの経験や考えを理解するようにしましょう。オープンな対話は、お互いの理解を深め、思い込みを減らすことに役立ちます。

 ある高校での事例

　ある高校での実例です。

　この高校では、毎年の運動会の応援団長と副団長を決めていましたが、いつも男子生徒が団長で、女子生徒が副団長になっていました。

　しかし、ある生徒から「団長が男子生徒で、副団長が女子生徒と決めつけることはおかしいのではないか」という意見があり、みんなで議論しました。

　その結果、次の年からは男子生徒でも女子生徒でも関係なく、団長と副団長になることになったのです。

　このようにして思い込みや決めつけにとらわれず、行動していきましょう。

無意識の思い込みや決めつけに気づこう！

　無意識の思い込みや決めつけを専門用語では「アンコンシャスバイアス」と言います。

　近年は多くの企業で多様性を大切にする経営がとり入れられています。まずは自分のアンコンシャスバイアスに気づくことが大切です。

　例えば、次のような思い込みがあるかどうかチェックしてみましょう。

① 　血液型を聞くと、「〇〇のような性格だろう」と思う

② 「男は男らしく」「女は女らしく」という考えを持っている

③ 「普通はこうすべき」「たいていはこうだ」と思う

④ 　出身地や国が違う人と話すときに違和感を感じる

⑤ 　考え方や価値観の違う人たちにとまどう

　いくつあてはまりましたか？

　このように、私たちの考えや行動には無意識の思い込みが影響していることが多くあります。これはだれもが持っているものですが、それに自分から気づき、思い込みを見直していきましょう。

社会をよりよくするリーダー

社会の問題を知ろう

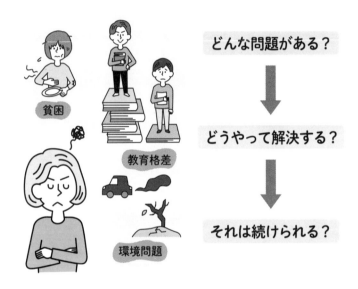

貧困

教育格差

環境問題

どんな問題がある？

↓

どうやって解決する？

↓

それは続けられる？

社会をよくするソーシャルリーダーシップ

　あなたは、困っている人を助けたり、社会をよりよくしたいと思ったことがありますか？

　社会問題を解決し、社会をよりよくできるリーダーになるためには、ソーシャルリーダーシップが求められます。**ソーシャ**

ルリーダーシップは、**社会的な問題解決に取り組み、社会をよりよくする力**です。以下に、ソーシャルリーダーシップの重要性と具体的な事例を示します。

社会課題にどうやって対応する？

1. 社会問題への意識

ソーシャルリーダーシップは、社会問題を考える、意識することからスタートします。解決したい社会問題を調べたり、国際連合の SDGs(**S**ustainable **D**evelopment **G**oals 持続可能な17の開発目標) なども参考に、貧困、健康、教育格差、環境問題……など、さまざまな社会問題について考えてみましょう！

2. 行動力

ソーシャルリーダーシップには、実際に行動することが求められます。情報発信をしたり社会問題解決に向けて行動を起こし、ほかの人々を巻き込んでいきましょう！

3. 持続可能性

社会問題の解決は短期間で達成できるものではなく、持続的な取り組みが求められます。ソーシャルリーダーシップは、中長期的な視野を持ち、持続可能な対策を実践し続けることが必

要です。

 スウェーデンの環境活動家グレタ・トゥーンベリさん

　グレタさんは、2003年スウェーデン生まれの環境活動家で、気候変動問題にかかわるソーシャルリーダーとして有名です。

　具体的な行動として、2018年、15歳の学生だった彼女は毎週スウェーデン議会前に座り込みを行い、気候変動に対する行動の必要性を強く訴えました。このことは世界中で注目を集め、若者たちの気候変動に関する運動を広めるきっかけとなりました。

　また、2019年にニューヨークで開催された「国連気候行動サミット」に参加し、政府や企業のリーダーに対し、気候変動対策への具体的行動を強く求めました。彼女の強力なスピーチと影響力は、国際的に気候変動の議論や行動を前進させました。

　このように学生でも、勇気を持って行動を起こせば、社会問題を解決するソーシャルリーダーとなることができるのです。

ビジネスで社会問題を解決しよう

　ムハマド・ユヌスさんは、バングラデシュ出身の経済学者で、貧困層を助けるためのマイクロクレジットを考案して広め、ノーベル平和賞を受賞した人です。

　ユヌスさんは、1976年にバングラデシュでグラミン銀行をつくり、特に貧困層の女性たちに小額のお金を貸し出すマイクロクレジット制度をスタートしました。この制度は、普通の銀行からはお金を借りられない貧困層の人たちに、それまでの借金を返して生活を改善したり、新しくビジネスをスタートしたりするためのお金とチャンスを与えました。

　現在では、ユヌスさんはこのマイクロクレジット以外にも、教育、医療、農業、環境などに関する40以上のソーシャルビジネスを立ち上げ、世界の社会問題の解決に積極的に取り組んでいます。

　あなたはどんな社会問題を解決したいと思いますか？

　具体的にどのようなことができますか？

思いやりのあるリーダーシップ

ちょっとした工夫でみんなが参加できる

筆談

体育館に
移動しよう

段差をなくす

音声で伝える

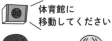

体育館に
移動してください

その人の能力が
活きる役割を見つける

思いやりのあるリーダーシップ

　あなたのまわりには、障がい者や社会的に弱い立場の人がい
ませんか？

　人の人生は、突然変わってしまうことがあります。例えば自
分も急に事故にあったり、病気になったりして障がい者となり

今まで通りの生活や活動ができなくなってしまうことがあるか
もしれません。

　障がい者や社会的に弱い立場にある人々に対しても、思いや
りと理解を持って接しましょう。

　相手の立場に立って物事を考えるには、相手のニーズや感情
を理解しなければいけません。例えば、学校で障がいを持つク
ラスメイトがいる場合、その人がグループワークなどに参加し
やすいように進め方などを工夫することができます。

　どんな人も仲間として思いやりを持って受け入れ、**その人が
個性や能力を最大限に発揮できるようにサポート**していきまし
ょう。

 ## 社会的に弱い立場の人と協力し合うために

　社会にはいろいろな人がいます。中には障がいがある人もい
ます。日本人の 7.4%、13.5 人に 1 人が障がいがあるという調
査結果があります。体に障がいがある人、精神や知的発達に障
がいがある人がいます。このような人も例外的な人たちではな
く、仲間として受け入れましょう。

　そのためにリーダーもメンバーも、みんなが参加しやすい環
境をつくれるように働きかけましょう。例えば、聴覚障がいの
ある人とコミュニケーションをとる場合は、筆談や手話などを
コミュニケーション方法とすることも可能です。また、視覚障

がいのある人には、情報を音声で提供することもできます。

　無料で使えるアプリケーションの機能を取り入れるなど、テクノロジーの発達した現在ではちょっとした手間や工夫で比較的容易に導入することができます。

　また、人はそれぞれ異なる才能や長所を持っています。お互いにそれぞれの強みを見つけ、それをいかす方法を考える必要があります。障がいがある人々も例外ではありません。たとえ障がいがあってもその人の障がいが大きな壁とならないような役割を見つけることで、他の人と一緒に成長していけるのです。

学校での取り組み

　ある中学校のバスケットボールチームでは、車いすを使用する生徒がいました。チームは、彼もコートに出れるように特別なルールをつくりました。彼は、特にチームの作戦を考えるのが得意で、チームの「ブレイン」として重要な役割を果たしました。この例から、障がいがあっても、チームに貢献できる方法があることがわかります。

　ほかにも高校生のグループが地域の清掃活動を行ったとき、聴覚障がいのある生徒も参加しました。他の生徒たちは、彼が指示を理解しやすいように、ジェスチャーや筆談を使ってコミュニケーションをとりました。また、彼のすぐれた観察力をいかして、ほかの人が見落としがちなゴミを見つける役割を担っ

てもらいました。こうしてこのチームはすばらしい成果を上げることができました。

社員の7割が障がい者でも日本一の会社

　日本理化学工業（神奈川県川崎市）は、学校などで使うチョークやペンをつくっている会社です。その社員の約7割が知的障がい者です。読み書きができなかったりするので、文字ではなく、例えば「青・黄・赤」などの色で作業指示をするなどの工夫をしています。そこでは知的障がい者とそうでない人が生き生きと、協力しながら働いています。

　その上、チョークの市場シェアでは日本一の会社です。

　そのカギは、どんな人でも思いやりをもって仲間として受け入れる、みんなが参加できるように工場や事務所の環境を整える、みんなの長所をいかしていることです。また障がい者を他の人と比べず、以前のその人自身と比べてよくなっているか、悪くなっているかというように、本人としか比べないことです。

　このようなことは、リーダーシップにおいて大事なポイントであり、大いに参考になります。

デジタルやデータを活用したリーダーシップ

〈今日の練習メニュー〉
・ストレッチ
・筋トレ
⋮

〈体の健康度〉
・骨密度
・体脂肪率
⋮

●個人の運動量の測定や、
健康管理に役立つ
●すぐに分析することができる

↓

集めたデータを最適化して、
より良い方法を導き出す
ことができる

 デジタルやデータを活用したリーダーシップ

AI などが普及してきたデジタル時代においては、経験や勘^{かん}だけに頼るのではなく、**デジタル技術を使う能力も、リーダーに求められるようになってきました。**

例えば、サッカーチームがウェアラブル端末を活用した事例

を通して、デジタル技術を取り入れたリーダーシップについて
考えてみましょう。

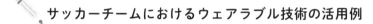 サッカーチームにおけるウェアラブル技術の活用例

あるサッカーチームでは、選手のパフォーマンス向上と健康
管理のために、ウェアラブル端末を導入しました。これらの端
末は、選手がトレーニングや試合中に身につけることで、心拍
数、移動距離、走る速度などのデータをリアルタイムで収集し
ます。

データはすぐに分析され、選手の体調管理やコンディション
調整、さらには作戦づくりに役立てられます。例えば、データ
分析により、特定の選手がオーバートレーニングとなっている
ことがわかった場合、その選手のトレーニングメニューを調整
することができます。人の経験と勘だけに頼るより、デジタル
技術の活用でより効果的なトレーニングができるようになり
ます。

データを活用した戦術の最適化

また、ウェアラブル端末から得られるデータは、チームの作
戦を最適化するのにも役立ちます。選手それぞれの位置データ
を分析することで、チームのフォーメーションや選手のポジシ
ョニングが効果的かどうかを確認することができます。

例えば、相手チームに対してプレッシャーをかける際の適切なタイミングや、守備時における選手のポジションなど、より詳細な戦術の調整が可能になります。このようなデータを活用したアプローチにより、チームは試合を有利に展開することができます。

 ## デジタルリーダーシップの展望

　サッカーチームでのウェアラブル技術の活用事例からわかるように、デジタルリーダーシップは、データを収集し、分析し、その結果を基に迅速かつ効果的な意思決定を行う能力を指します。あなたがこれからの社会でリーダーとして活躍するためには、デジタル技術の理解と活用が不可欠です。

　デジタル技術は日々進化しています。その変化に適応し、新たなツールを積極的に取り入れることで、よりよい未来を切り開くことができるでしょう。サッカーチームの事例は、スポーツの世界だけでなく、あらゆる分野でデジタルリーダーシップが重要であることを示しています。例えば、最近ではAI（人工知能）を活用した学習指導やコーチングなども広がってきています。デジタル時代の波に乗り遅れることなく、デジタルやデータを活用したリーダーシップを発揮しましょう。

ビジネス界の巨人・GAFAM（ガーファム）

　ビジネス界におけるデジタル技術とデータ活用の進展は、GAFAM（**G**oogle、**A**pple、**F**acebook（現 Meta）、**A**mazon、**M**icrosoft）と呼ばれるアメリカのテクノロジー大手企業の成功事例に見られます。これらの企業は、AI などのデジタル化とデータ解析を強みとしたビジネスモデルで世界市場をリードしています。

　Google や Microsoft は、検索エンジンやクラウドサービスで、Apple はスマートフォンで、Amazon はインターネット販売で、Facebook（Meta）は SNS で、それぞれ大量のデータを集め、解析し、市場をリードしています。

　学校生活でも、ビジネスの世界でも、今後ますます AI などのデジタル、データの技術が進んでくるため、デジタルを活用したリーダーシップの重要性が増してきます。

世界で活躍できる
リーダーシップを

　世界の人たちと一緒に活動できることが、これからますます求められるでしょう。そのためのグローバルマインドをみなさんが持っているかどうか、確認してみましょう。

グローバルマインドチェックリスト（本書版）

1：まったく当てはまらない　2：少し当てはまる　3：ある程度、当てはまる
4：かなり当てはまる　5：とても当てはまる

	設問	解答欄	合計点
IQ	人よりも詳しく知っている分野がある		
IQ	筋道を立てて考え、人に説明できる話し方ができる		
EQ	人の意見を聞くなどして、人の気持ちを理解できる		
EQ	人とコミュニケーションをとりながら一緒に物事を進められる		
CQ	自分とは違う考え方の人、違う価値観、文化の人に対応できる		
CQ	日本の文化、歴史などをよく理解している		
AQ	新しいことへの挑戦や失敗を恐れないチャレンジ精神を持っている		
AQ	困難な状況や厳しい逆境でも乗り越えられる自信を持っている		
LQ	英語などの外国語で会話ができる		
LQ	英語などの外国語で読み書きができる		

合計点が高いのはどれ？

ステップ1 グローバルマインドをチェックしてみよう

　世界の人たちと活動できるリーダーにはどんな資質が求められているのでしょうか。25年以上にわたりグローバル経営者・リーダーを育成してきた、シンガポール国立大学ビジネススクールのプレム・シャムダサニ教授によると、次の5つの能力が求められるということです。

IQ (Intelligence Quotient)

　いわゆる知能指数ですが、ここでは専門知識と論理的思考力をIQとします。得意分野を持っていたり、筋道の通った説明ができる人はIQが高いと言えます。

EQ (Emotional Quotient)

　人の気持ちを理解する力（心の知能指数）のことです。人の話をよく聞き気持ちを理解したり、あいさつなど積極的な声かけをしてコミュニケーションや対話をしっかりできる人はEQが高いと言えます。

CQ（Cultural Quotient）

自分とは異なる文化、考え方、価値観に対して受け入れて対応できる力です。お互いの違いを理解し、その違いをいかそうとする人は、CQ が高いと言えます。

AQ（Adversity Quotient）

難しい状況になったとしても乗り越えられる力です。そのような状況に勇気を出して挑戦する気持ちがある人は、AQ が高いと言えます。

LQ（Language Quotient）

英語など日本語以外の語学力です。語学を習得したり、活用する意欲がある人は、LQ が高いと言えます。

　自分の IQ、EQ、CQ、AQ、LQ の力についてグローバルマインドチェックリストを使って確認してみましょう。点数が高い指数（力）は、あなたの特徴・長所であり、ほかと比べて低い点数の力は、今後の課題です。

第6章

自分を高める
セルフリーダーシップ

自分を理解し動かす
セルフリーダーシップ

　この章では自分を高めるセルフリーダーシップについて学んでいきましょう！

　ここまで学んできたリーダーシップは、基本的に他者を導くチームリーダーシップでしたが、セルフリーダーシップは自分自身を導くことです。

「なぜ、自分自身をリードしなくてはいけないのでしょうか？」

　まずは、自分自身が成長し、自分の夢やビジョンを実現し、幸せになるためです。

　このことは人生において何よりも大切なことだと思います。

「Be my own leader!（自分自身のリーダーになりなさい！）」

という言葉があります。チームの中では、だれかほかにリーダーがいたとしても、自分自身を導くリーダーには、先生でも、親でも、友だちでもなることができません。自分自身のリーダーは、自分しかいないのです。自分自身を導くリーダーになるためには、自分が好きなことや楽しいこと、ワクワクすることから、自分の将来の夢やビジョンを考えましょう。夢やビジョンに向かって、夢中になって一所懸命に努力していくことで、人は成長し、充実した人生を送ることができるようになります。

　また、前章までで学んだチームリーダーシップの力を高めるためにもセルフリーダーシップは重要です。
　例えば、あなたがリーダーとしてチームメンバーに「夢やビジョンを持ってがんばろう！」、「やる気を出していこう！」と言ったとしても、リーダー自身が「夢やビジョン」を持っていなかったり、「やる気」がなかったらどうでしょうか？
　メンバーにはそのことがすぐに伝わってしまうのではないでしょうか？
　リーダーがワクワクする夢やビジョンを持っていたり、楽しみながらやる気を出してものごとに取り組んでいれば、メンバーもよい影響を受けます。このようにできるチームリーダーになるためにも、自分自身を導くセルフリーダーシップを身につけましょう。

自分自身を理解しよう！

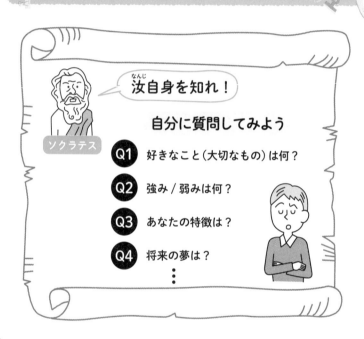

汝自身を知れ！

自分に質問してみよう

Q1 好きなこと（大切なもの）は何？

Q2 強み / 弱みは何？

Q3 あなたの特徴は？

Q4 将来の夢は？

ソクラテス

自分自身をよく知ろう！

「あなたはどんな人ですか？」

「長所や短所は何ですか？」

「好きなこと、嫌いなことは何ですか？」

「あなたの将来の夢はどんなことですか？」

このような質問にすぐに答えられますか？　意外と難しいと感じた人も多いのではないでしょうか？

実は、このような自分自身についての質問に答えることは、学生にとっても社会人にとっても難しいものです。自分には自分が客観的に見えないからです。筆者自身もすぐには答えられません。

「汝自身を知れ」とは、古代ギリシアの哲学者ソクラテスの言葉です。ソクラテスは、自分自身を知ることがたいへん重要であると述べています。

それでは下記の自己分析の方法を用いて、本当の自分に迫ってみましょう。

自己分析のやり方

自分自身を分析する基本的な3つの方法をご紹介します。

1. 自分で自分に質問する

「自分の将来の夢や、やりたいことは何？」

「自分の長所と短所は何？」

「好きなこと、嫌いなことは？」

自分の夢や長所と短所を理解することは、セルフリーダーシップを向上させるために重要です。また、好きなことや、嫌いなこと、ワクワクすることなども、同様に把握しておきたい自

分の個性です。

　例えば、人々の性格を 16 のタイプに分類する MBTI（マイヤーズ＝ブリックス・タイプ）診断など、無料で使える診断サイトもネット上にあります。またアメリカ・ギャラップ社のストレングスファインダーという強み発見ツール（有料）も参考になります。ほかにもこのような性格診断系のサイトはあるので、友だちや先生と相談しながら自分に合うものを探してみましょう。

　まわりの人からのフィードバックも参考になります。家族、友人や先輩、先生などからの意見を聞くことで、より客観的に自分を理解できるようになります。

　例えば「あなたからみた私の長所と短所って何でしょう？」や「どこを直すとよいでしょうか」などとほかの人に聞くのもよいでしょう。

人生 100 年時代のセルフリーダーシップ

　ロンドンビジネススクールのリンダ・グラットン教授の著書『ライフシフト』において、「人が 100 年以上生きる時代においては、人生設計のやり方が変わってくる」と述べられています。かつての「20 歳代まで学び、20 歳代から 60 歳代まで働き、60 歳代以降リタイアして老後を過ごす」という単純な 3 ステージの人生から、「常に学び続け、いろいろな形で働き、時には 2 つ以上の仕事をし、独立・起業し、何度かリタイアし、仕事に復帰する」ようなマルチステージの人生に変わってくるということです。

　このようなマルチステージの人生においては、1 つの会社や組織に依存せず、**人生において何度も、自分の生き方や働き方を設計していく必要**が出てきます。

　このような人生 100 年時代の生き方や働き方の設計においては、自己理解が重要になってきます。

自分らしさって何だろう？

\\ あなたはどんな人？ //

自己理解 ➡ 自己受容 ➡ 自信を持って
自己表現が
できるようになる

・自分の長所 / 短所
・好きなこと
・目標
　⋮
などを知る

・自分の長所も
　短所もすべてを
　受け入れる

私は〇〇な人です。

 自分らしさって何だろう？

　「自分らしさ」とは、自分をよく理解し、ありのままの自分を受け入れることであり、リーダーでもメンバーでもすべての人にとって大切なことです。自分は自分であり、決して自分は他人にはなることはできません。

「自分らしさ」の発見には、自己理解が大切です。これは長所も短所も含めたありのままの自分を知ることです。決して自分と他人を比べる必要はなく、他人の期待やまわりのプレッシャーに左右されない、本来の自分を発見しましょう。

自分らしさを理解し、受け入れることは、心の健康や幸福感を高め、満足度を向上させることに役立ちます。以下の方法で自分らしさを探求していきましょう。

1. 自己分析・理解する

前項を参考に自分の長所や短所、好きなこと、価値観、信念、過去の経験などをよく考え、自分自身について深く掘り下げましょう。

2. 好きなこと、ワクワクすることに集中する

心から好きなこと、ワクワクすること、楽しめることを見つけたら、できるだけそのことに集中しましょう。

3. 他人と比較しすぎない

「自分らしさ」を見つけるためには、必要以上に他人と自分を比較しすぎないようにしましょう。自分自身のことに集中しましょう。

4. ありのまま自分を受け入れる

　長所も短所もありのままの自分を受け入れ、自分を否定せず、自分自身を信じましょう。

5. 人生の夢やビジョンを意識し学び、成長する

　自分の人生の夢やビジョンを意識し、新しい経験や学びを受け入れ、成長し続けましょう。

　ありのままの自分自身を受け入れ、自己成長、自己実現の道をすすむことが、本当の「自分らしさ」を追求する方法です。

さくらさんの事例

　中学生のさくらさんの事例で「自分らしさ」について考えていきましょう！

　最近さくらさんの学校の中で流行しているある遊びに、まわりの友だちは夢中になりました。彼女はその遊びにまったく興味がありませんでしたが、友だちに合わせなければならないように思い、無理して一緒に行動していました。

　しかし、ある日さくらさんは「友だちと一緒にいることは楽しいけれど、自分の本当の気持ちを無理におさえてまで合わせたくない」という自分の本当の気持ちに気がつきました。

　そこで、さくらさんは、勇気を出して友だちに正直に自分の

気持ちを伝え、別の好きなことに時間を使うことにしました。さくらさんは最初、「友人関係がこわれて、仲間外れにされるのではないか」と心配しましたが、友だちはさくらさんの気持ちを受け入れてくれました。さくらさんは「自分らしさ」を大切にすることで、友だちとの本当の友情も深まり、自分自身も好きなことに時間を使えるようになったので、より幸せと成長を感じるようになりました。

この事例のように、「自分らしさ」とは自分の価値観や好きなこと・得意なことを大切にすることなのです。迷いや悩みができたときは、自分の本当の心の声に耳を傾けてみましょう！

「自分らしさ」を見つける旅は続く

社会人になってからも、「自分らしさ」に悩むことがあります。ある企業では、新入社員のとき、それ以降も数年に一度「自分らしさ」を見つめなおし、自分のキャリアを考える研修を行っています。欧米では、このような「自分らしさのリーダーシップ」は、「**オーセンティックリーダーシップ（本物のリーダーシップ）**」として知られています。

経験と学び、成長により年を経るごとに「自分らしさ」は変化していきます。「自分らしさ」を探求し続けましょう！

自分の夢・ビジョンを見つけよう！

Q1 自分の好きなことは何だろう

Q2 どんなところが好き（ワクワクする）か

Q3 どうしてそう思うのか

自分の夢・ビジョンを見つけよう！

人生で最も大事なことの1つが、自分が本当に実現したい夢やビジョンを見つけることです。

夢やビジョンは、私たちが目指すべき方向を示し、日々の行動の指針となります。

では、どのようにして自分の夢やビジョンを見つけることができるのでしょうか？

　まず、自分自身に問いかけてみましょう。「私は何が好きか？」「どんなことにワクワクするか？」これらは単純な質問ですが、自分の内面を深く探る大切なステップです。

好きなことをリストアップする

　紙、もしくはスマートフォンなどに好きなこと、興味があることを思いつくままにリストアップしてみましょう。例えば音楽を聴くことから、本を読むこと、化学の実験で新しいことを学ぶこと、スポーツ、旅行、写真を撮ることなど、何でもかまいません。この時点でできるか、できないかを考える必要はありません。できるだけ多く書き出してみてください。

ワクワクすることを思い出す

　これまでのことを振り返り、自分がワクワクしたことや、夢中になった経験があれば、それもリストに加えてみましょう。例えば、学校のプロジェクトでリーダーを務めたとき、クラブ活動で成果を出したとき、外国人と英語で会話ができたとき、ボランティア活動でだれかの役に立てたときなど、小さな成功体験も重要なヒントになります。

夢やビジョンを見つけるとき、**Will（やりたいこと）、Can（できること、できるようになる可能性があること）、Need（まわりや社会から求められていること）の３つが重なること**を考えてください。例えば、将来は海外で活躍したいという Will、英語ができるもしくは英語ができるように努力するという Can、そして社会ではグローバルに活躍できる人が求められているという Need です。（P230 の「やってみよう！」参照）

自分の夢やビジョンを見つけたら、小さなステップを踏み出しましょう。例えば、将来だれかを助けたいという夢があれば、毎月ボランティア活動を行ったり、海外で活躍したい夢があれば、毎日 15 分以上英会話を練習するなどです。大きな夢への道のりは遠く感じられるかもしれませんが、小さな目標を１つずつクリアしていくと、少しずつ夢に近づいていきます。

夢やビジョンを友人や家族と共有することも効果的です。まわりの人と共有することで、新たなアイデアが生まれたり、応援してくれる人が現れたりします。また、自分の夢を声に出して話すことで、より具体的なイメージができてきます。

夢に向かって挑戦する中で、失敗することもあるかもしれません。しかし、失敗は成長のための貴重な経験となります。失敗から学び、それをバネに再挑戦する勇気を持ちましょう。

夢やビジョンを実現することは、一日にして完了するものではありません。時間をかけて自分自身と向き合い、探求していく中で、自分の本当に望むものが見えてきます。夢を見つけ、自分の可能性を広げることは、だれでも、いつでもできます。

さあ、夢を見つけ、一歩ずつ前進していきましょう。

夢やビジョンを持ち続けよう！

筆者の場合、ワクワクすることや好きなことを考えたとき、はじめて行った海外（カナダ）でいろいろな人と交流したことが、本当に楽しかったことを思い出しました。

「日本と海外をつなぐビジネスを行いたい」という夢を持ち、会社に就職しましたが、最初は英語力が足りず希望がかないませんでした。自分でコツコツ英語を勉強して何年かたち、希望を出して海外のビジネスを担当することができるようになりました。そのとき、「やっと夢だった日本と海外をつなぐビジネスができるようになった！」と実感しました。

PERMAで
自信を身につけよう！

PERMA は幸福感と自信を高める

● **P**ositive Emotion ポジティブな感情

● **E**ngagement 夢中になる・集中する

● **R**elationship 豊かな人間関係をつくる

● **M**eaning 人生の意味／意義とつなげる

● **A**chievement やりとげる

PERMA とは？

　PERMA は、アメリカの心理学者マーティン・セリグマンが
提唱する5つの要素のことです。**ポジティブな感情（P:Posi-
tive Emotion）**、**没頭（E:Engagement）**、**良好な人間関係
（R:Relationship）**、**意味（M:Meaning）**、**達成（A:Achieve-**

ment）の5つの要素で成り立っています。これらは幸福感と
自信を高める上でたいへん役立ちます。

幸福感と自信をつけよう！　5つの要素

　自信（自己効力感とも言います）は、私たちが日々の生活
の中で直面するいろいろな挑戦や困難に立ち向かう力のベース
となります。この力をつけるために、PERMAモデルはよいヒ
ントとなります。それぞれの要素がどのように幸福感と自信に
つながるのかを見ていきましょう。

P（Positive Emotion）：ポジティブな感情

　ポジティブ（肯定的）な感情を持つことは、幸福や満足を感
じることにつながります。喜び、感動、感謝、希望といった感
情は、私たちを前向きにし、困難なときでも前向きに考え、行
動できるようになります。

　できたこととできなかったことがあったとき、まずできたこ
とに注目し、自分をほめて、できなかったことは今後の成長の
チャンスととらえ、改善していきましょう。

E（Engagement）：没頭・集中

　没頭とは、自分の好きなことや得意なことに夢中になること
です。例えば、スポーツや読書など何かに没頭しているとき、

私たちは時間を忘れ、完全にその活動に集中するときがあります。このような状況を「ゾーンに入る」と言います。

このような経験は、幸福感や自信、成長につながります。

R（Relationship）：良好な人間関係

人は社会的な存在であり、人間関係が私たちの幸福感や自信に大きく影響します。友人や家族、まわりの人たちとの良好な関係は、安心感につながり、自分には価値があるという感覚を高めます。人との良好な関係は、困難なときにも幸福感や自信を保つ手助けとなります。

M（Meaning）：意味

自分の行動が何か大きな意味を持っていると感じるとき、私たちは人生に満足感を感じます。例えば、募金活動のボランティアをすることで、世界の子どもたちをサポートするという自分の夢につながっていると感じるようなことです。自分の夢やビジョンにつながる行動は、満足感と自信につながります。

A（Achievement）：達成

小さな目的・目標を設定し、それを1つずつ達成していくことは幸福感と自信につながります。

たとえ小さな成功であっても、自分を認め、「よくやっ

た！」とほめてあげましょう！　自分の努力が実を結ぶという
実感は、自信につながります。

PERMA を実践した篠田ちひろさんの事例

　筆者が知る篠田ちひろさんは大学生のときバックパッカーと
して世界を旅していました。たまたま訪れたカンボジアで、国
は貧しいけれどすごくよい人が多く、「カンボジアの人たちを
助けたい！」と強く思い、大学卒業後、ほとんどビジネス経験
もないままカンボジアに渡り、そこで現地の人たちとハーブを
使った商品を製造・販売する「クルクメール」という会社をつ
くりビジネスをスタートしました。

　この事例がまさに PERMA です。雇った社員もビジネス経験
がまったくないので、なかなか仕事ができないことはもちろん、
すぐに仕事をさぼる、突然いなくなってしまう、お金のトラブ
ルを起こすなど、いろいろな問題があったようです。また新型
コロナの影響で篠田ちひろさんのビジネスは大きな打撃を受け
ました。

　それでも篠田さんはいつもポジティブに考え、仕事に集中し
て、いろんな人とよい人間関係をつくり、それらの困難を 1 つ
ずつ乗り越えていきました。

リーダーとしての夢やビジョン、やりたいことを見つけよう！

　夢やビジョンを見つけたいときは、Will-Can-Need のワークが効果的です。Will はあなたのやりたいこと・ワクワクすること、Can はやりたいことを実現するためにできること・できるようになること、Need は、まわりから求められることです。その3つが重なるところを目指すべき夢やビジョンとしましょう。このワークを行うと夢実現への意欲も高まるでしょう。

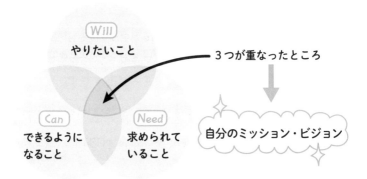

Will
やりたいこと

3つが重なったところ

Can
できるようになること

Need
求められていること

自分のミッション・ビジョン

ステップ >1< Will-Can-Need で
夢やビジョンを見つけよう

Will、Can、Need をそれぞれ書き出してみよう

Will やりたいこと

例 グローバルで活躍できるリーダーになりたい／社会問題を
解決できるリーダーになりたい……etc

Can できること／できるようになること

例 英語でコミュニケーションがとれる／社会問題について勉
強している……etc

Need 求められていること

例 グローバルで活躍できる人材が求められている／社会問題
を解決することが求められている……etc

6

自分を高めるセルフリーダーシップ

自分の夢やビジョンを 実現するためのワーク

　アメリカのメジャーリーグで大活躍している大谷翔平選手が、高校１年生のときに書いていたことで有名な目標達成シート" マンダラチャート "を紹介します。大谷選手は、そこに書いたことを日々実践し、挑戦し続けています。あなたもそのマンダラチャートをつくってみましょう！

リーダー力 （統率力）	知識	仲間・人
チーム運営	グローバルで 活躍できるリーダー （リーダーシップ向上）	人間性・姿勢
自分のメンタル	勉強・語学 （英語）	会話・ コミュニケーション

ステップ >1< 9マスの真ん中に目指す目的・目標を書き、まわりに必要な要素を書こう

　まず、前ページの9マスの表のように、中央に達成したい目的・目標を書きます。そのまわりにその目的・目標を達成するために必要な8つのテーマを考えて、書いていきましょう。

ステップ >2< 8つのテーマに必要な行動、アイデア、心がまえなどを書き出そう

　次ページの81マスの大きな表を見てください。これがマンダラチャートです。ステップ1で書き出した中央の目標と8つのテーマの9マスが、マンダラチャートの真ん中にあります。そこで今度は、9マスに書いた8つのテーマを、さらにまわりに振り分けて書きます。次に8つのテーマそれぞれについて、そのテーマを実現（達成）するために必要だと思われる行動、アイデア、心がまえなどを考えて各テーマの周囲の8マスに書いていきます。次ページのマンダラチャートは、まだ全部を書ききれていない状態です。この空いているマスが全部埋まればシートは完成です。マスに書いたことを日々実践していくと、真ん中の目的・目標達成がより実現に近づいていきます。

率先して予定を立てる	連絡はきちんと伝える	話すときは声を大きくする	リーダーといわれる人の本を読む	先輩などリーダーの人の話を聞く		仲間とは公平に接する	相手を尊重する	性別や人種を分け隔てない
	リーダー力（統率力）			知識			仲間・人	
みんなと目標をしっかり共有する	チームの予定の確認をする	みんなと共有する	リーダー力（統率力）	知識	仲間・人	冷静にする	物事に率先して取り組む	仲間や人を応援する
	チーム運営		チーム運営	グローバルで活躍できるリーダー（リーダーシップ向上）	人間性・姿勢		人間性・姿勢	困っている人を手助けする
			自分のメンタル	勉強・語学（英語）	会話・コミュニケーション			
睡眠をしっかりとる	困ったことは相談する		1日1単語覚える	毎日練習	英会話ができる	あいさつなどしっかりする	グチは言わない	相手の話をよく聞く
	自分のメンタル			勉強・語学（英語力）			会話・コミュニケーション	チーム内のことは報・連・相を重視

大谷選手が実際に書いたマンダラチャートは、インターネットで「大谷マンダラチャート」と検索すると、見ることができます。どんなことが書いてあるのか実際に見てみると、「ゴミ拾い」「あいさつ」などすぐに実行できるものも結構あります。このようなマンダラチャートに書き込んだ小さなことの行動（実践）の積み重ねが、真ん中にある大きな夢・ビジョンの達成につながっていきます。

おわりに

　ここまで、リーダーシップについて一緒に学んできましたが、いかがだったでしょうか？

　できるだけわかりやすいイラスト、説明と事例で解説させていただきました。社会人向けの大学院ビジネススクールで学ぶリーダーシップの重要な要素はほとんどお伝えさせていただいたつもりです。何か参考になったこと、気づいたこと、やってみようと思ったことはありましたか？

　もし何か学んだことや、何かやってみよう！　と思ったことがあれば、著者として本当にうれしいと思います。

　リーダーシップは学力や成績と同じくらいもしくは、人生やビジネスにおいてそれ以上に大事なことではないかと思います。しかしながら、社会人向けのリーダーシップの本は数多くありますが、中高生、大学生また社会人の初心者向けのリーダーシップの本はほとんど見当たらなかったことから、この本を企画検討し、執筆しました。

　みなさんがリーダーシップを学び、実践するためのヒントと

なれば幸いです。これらは学生にとってだけではなく、社会人にとっても必ず役に立つものだと思います。

　みなさんは『1％の努力』をご存知ですか？

　1.01 × 365 乗 = 37.8
　0.99 × 365 乗 = 0.03

　上の計算式は努力して毎日1％ずつ力を向上させると1年後（365日後）には、約38倍もの力になっているという意味で、下の計算式は、なまけて毎日1％ずつ力を低下させると1年後には0.03の力にしかならない（もとの力よりもかなり後退する）という意味です。
　ここまで極端な数字にはならないかもしれませんが、毎日1％の努力を続けると将来大きな力になるということです。
　例えば、毎日の勉強時間を10分ずつ増やしたり、運動で走る距離を10％延ばしたりすることから始めると、その小さな努力の積み重ねが、やがて大きな成果へとつながるということです。

人生は選択の連続です。今後何か新しいことを始めるかどう
か、挑戦するかどうかと迷うこともあると思います。その1つ
1つが将来への道を作っていきます。
　多くの人が後悔するのは、「やらなかったこと」に対してで
す。筆者もこれまでの人生を振り返ってみてそうでした。

「やらなかった後悔は、やった後悔より大きい」

　この言葉は、挑戦をためらっている私たちに勇気を与えてく
れます。何か新しいことを始めることは、不安や恐怖を伴いま
す。ただ、挑戦してみなければ、その結果や可能性を知ること
はできません。たとえ結果が思い通りでなくても、そこで得ら
れる経験や学びは、次へのステップにつながります。
　やってみて失敗することはあっても、それは成長の一歩でも
あるのです。

「成功とは、成功するまでやり続けることである」

（パナソニック創業者・松下幸之助）

最後にこの本の執筆にあたって、多くの方々にご支援、ご協力を頂きましたことに心より感謝を申し上げます。

　出版社との企画、打ち合わせに同席してもらい、この本全般に関するアイデアやコメントを頂きました腰越悠さん。

　原稿を読んでフィードバックを頂きました、北山真樹子さん、橿棒恵美子さん、古川晴美さん、廣瀬良子さん、野澤佳奈子さん、松岡秀明さん、河野芳弘さん、北川真妃さん、清水涅央さん、中原愛さん、佐藤凛花さん、七字克太朗さん。そして修猷館高校の渡辺康宏先生、生徒の山中志道さん、本当にありがとうございました。

　また何よりこの本を手に取っていただき、最後まで読んでいただいた読者のみなさんに心より感謝を申し上げます。

　あなたが今後「自分らしいリーダーシップ」を発揮して楽しみながら活躍、成長していただくことを心から応援させていただきます！

安部哲也

参考文献

ジム・コリンズ『ビジョナリー・カンパニー② 飛躍の法則』
（日経 BP）

ジョン・コッター『リーダーシップ論』（ダイヤモンド社）

スペンサー・ジョンソン『チーズはどこへ消えた？』（扶桑社）

平井一夫『ソニー再生 変革を成し遂げた「異端のリーダーシップ」』（日本経済新聞出版）

斎藤孝『図解論語』（ウェッジ）

松下幸之助『道をひらく』（PHP 研究所）

廣瀬俊朗『なんのために勝つのか。』（東洋館出版社）

安部哲也『世界標準のリーダーシップ ニューノーマル時代の 7
つの力』（総合法令出版）

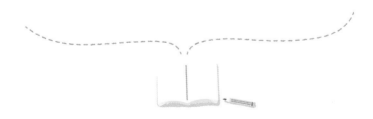

【著者紹介】

安部哲也 (あべ・てつや)

EQ パートナーズ株式会社代表取締役社長
立教大学大学院ビジネススクール（MBA）客員教授
聖心女子大学国際交流学科　非常勤講師

福岡県生まれ。修猷館高校卒業。中央大学法学部卒業。BOND 大学大学院経営管理学修士課程（MBA）修了。パナソニック国内・海外部門にてシステムエンジニア、営業、マーケティング、企画、海外（香港）駐在など、リーダーシップ、マネジメントを経験。2002 年、企業向け人財開発・コンサルティング会社 EQ パートナーズ（株）を設立。社長として同社を経営し、チーフコンサルタント・講師として、NTT、NTT ドコモ、パナソニック、東芝、キオクシア、NEC、損保ジャパンなどで、経営者向け・次世代リーダー研修、女性リーダー研修、部課長・主任向けマネジメント研修などを多数実施。2005 年より立教大学大学院ビジネススクールにて、リーダーシップ理論、起業家理論、交渉理論、修士論文指導などを担当。

主な著書に『世界標準のリーダーシップ』『新版 課長の心得』（どちらも総合法令出版）、『World-class Leadership』（World Scientific）など多数。

【お問い合わせ】
EQ パートナーズ株式会社
https://eqpartners.com/
東京都品川区南品川 2-2-10 南品川 N ビル 9 階
seminer@eqpartners.com

視覚障害その他の理由で活字のままでこの本を利用出来ない人のために、営利を目的とする場合を除き「録音図書」「点字図書」「拡大図書」等の製作をすることを認めます。その際は著作権者、または、出版社までご連絡ください。

チームを動かし結果を出す方法！
13歳からのリーダーの教科書

2024年5月21日　初版発行

著　者　安部哲也
発行者　野村直克
発行所　総合法令出版株式会社
　　　　〒103-0001 東京都中央区日本橋小伝馬町 15-18
　　　　EDGE 小伝馬町ビル 9 階
　　　　電話　03-5623-5121
印刷・製本　中央精版印刷株式会社

落丁・乱丁本はお取替えいたします。
©Tetsuya Abe 2024 Printed in Japan
ISBN 978-4-86280-944-5
総合法令出版ホームページ　http://www.horei.com/

新版 課長の心得

安部哲也 ［著］

四六判　並製　　　定価（1500円＋税）

課長とは、まさに中間管理職。ゆえに難しさややりがいも格段に大きいポジションでしょう。コロナ禍を経て、また DX やリモート化など加速する「ニューノーマル時代」に、課長はどのように会社内をサバイブすべきか。本書では、今、そしてこれから求められる課長の力や課長として自分らしく働く方法などを解説します。